林彩英 著

让阅读像呼吸一样自然

无论身处何处　心灵总有归处

——基于儿童视角下的小学语文开放性阅读环境创设的实践研究

西安交通大学出版社
XI'AN JIAOTONG UNIVERSITY PRESS

图书在版编目（CIP）数据

让阅读像呼吸一样自然：基于儿童视角下的小学语文开放性阅读环境创设的实践研究 / 林彩英著. — 西安：西安交通大学出版社，2020.11

ISBN 978-7-5605-9713-3

Ⅰ. ①让… Ⅱ. ①林… Ⅲ. ①阅读课 - 教学研究 - 小学 Ⅳ. ①G623.233

中国版本图书馆 CIP 数据核字(2020)第 223979 号

书　　名　让阅读像呼吸一样自然：基于儿童视角下的小学语文开放性阅读环境创设的实践研究
著　　者　林彩英
责任编辑　贺彦峰

出版发行　西安交通大学出版社
（西安市兴庆南路 1 号　邮政编码 710048）
网　　址　http://www.xjtupress.com
电　　话　（029）82668357 82668851（发行中心）
（029）82668315 82669096（总编办）
传　　真　（029）82668857
印　　刷　西安日报社印务中心

开　　本　787mm × 1092mm　1/16　**印张**　14.75　**字数**　200 千字
版次印次　2020 年 4 月第 1 版　2020 年 4 月第 1 次印刷
书　　号　ISBN 978-7-5605-9713-3
定　　价　58.00 元

如发现印装质量问题，请与本社发行中心联系调换。
订购热线：（029）82665248　（029）82665249
投稿热线：（029）82668284

版权所有　侵权必究

— 序 —

书籍，是阅读最基本的载体。弗朗西斯·培根曾说：“书籍是在时代的波涛中航行的思想之船，它把珍贵的货物运送给一代又一代。”阅读之于一个人的成长，犹如充足的阳光和雨露。读书，不仅能开阔视野、培养兴趣，拓宽思维，提升理解力，还有助于激发想象力和求知欲。阅读的过程不仅是一次知识获取的过程，更是一次心灵滋养和润泽的过程。在人类进步的过程中，阅读扮演着极其重要的角色，她犹如指路明灯，引领着前进的方向；犹如精神养分，升华人们的眼界和格局。

彩英老师从教30多年，桃李满天下。在长期的教学、管理实践中，形成了自己的教育主张——“阅读是学生生命成长的一部分”。因为她深知，教育是一件神圣的事，也是一件责任重大的事。因此，她一直在探索，在思考，怎样才能更好地提高阅读质量，怎样才能让阅读像呼吸一样自然。故此，就有了“基于儿童视角下的小学语文开放性阅读环境创设的实践研究”这个课题的滥觞。

彩英老师带领团队致力于儿童视角下的小学语文开放性阅读环境创设，为同类研究和其他学校提供了可供借鉴的参考。开放性阅读教学环境是未来儿童阅读的大趋势，它使儿童阅读多元化、自由化并富有时代感，是在传统阅读基础上的发展。课题组站在儿童的角度看待阅读的意义，用儿童的视角选择阅读内容，为儿童阅读营造一片真实、有趣、科学的阅读天空。课题组从儿童视角的恰当把握、儿童阅读书目的适当选择、开放性阅读环境的合理创设，评价体系的科学构建等方面给我们提供了一个视角和探索的足印。 同时，就如何培养儿童良好的阅读习惯、如何处理儿童阅读结果的反馈、如何解决儿童阅读中遇到的问题、如何帮助儿童达成阅读目标等给出了科学而有建设性的意见。

“让阅读像呼吸一样自然”，彩英老师是这么主张的，更是这么践行的，我想她的团队是被滋养的，孩子们是幸福的，家长们是欣慰的。 来吧，让我们走进书中，深呼吸，跟随彩英老师一起体会阅读的快乐与魅力吧！

2020 年 9 月 16 日

（冯云，福建省教育科学研究所研究室主任，编审）

— 目 录 —

第一章

▼
▼

阅读是写给孩子最深的情书

阅读作为一种重要的知识获取途径，是人类与世界沟通的重要桥梁。而作为世界的“探索者”——儿童，他们更需要通过阅读来实现对未知事物的认知与探寻，由此可见，阅读可以说是人类与世界的筑基。同时，对于教师与家长来讲，阅读是我们写给孩子的一封情书，与情侣之间传达爱意一样，我们需要用自己对于世界的认识，帮助孩子们构建完整的阅读认知体系，即用文字向孩子传达我们对世界、社会以及他人的爱意，进一步帮助孩子构建自己的世界观与价值观。在这一过程中，各位教师和家长必然会经历一个重要的阶段——阅读指导。在这个阶段，我们需要用自己的经验为孩子的阅读活动指引方向。但在阅读指导过程中，诸位教师和家长一定要注意以下两点：第一，阅读指导一定要摸准孩子的脉搏；第二，阅读指导过程中要调动孩子的阅读兴趣，尊重孩子的个人意愿与情感，把孩子当作朋友一样平等对待。

第一节　阅读是人类与世界的筑基

一、阅读于人类具有重要意义

阅读是人类文明沉淀的载体，我国之所以可以传承古文明是因为与文字阅读有密不可分的关系。 早在殷商时期文字便已经出现，当时人们受限于时代，殷商时期的生产力落后，并没有出现纸张，人们使用龟甲兽骨作为记载文字的介质，后世将记录在龟甲兽骨上的文字称为甲骨文。 文字的发展与时代生产力发展水平有直接关系，同时文字作为大众交流的主要手段，如果文字表达形式过于复杂将会影响大众交流、信息传递。 殷商时期采用龟甲兽骨镌刻文字，传递信息存在短板。 龟甲兽骨属于自然产物，虽然可以记录文字但当时信息的传达会受到具体积的限制，同时因其数量有限，加上书写过于复杂，致使当时大众信息传递并不方便。 甲骨文应用过程中出现很多弊端，一段时间后文字记录方式也由甲骨文变成篆书铭文，篆书铭文在战国时期出现，其表达方式比甲骨文简单，但是在文字表达期间仍存在很多不便利的因素，阻碍文化跨地域交流。 西汉时，记载文字的载体又发生了变化，开始采用纸张记录。

随着纸张使用范围的扩大，越来越多的使喜欢著书写作，不同时代都有领先时代发展的人，这类人群通常会为对外美化自己，采用著书立传的方式，扩大自身对行业的影响力，因此选书需慎重。 同时语文教师还需要意识到阅读对儿童学习以及未来成长起到的重要作用，灵活地选择教学方法，有针对性地培养学生的能力，规范学生的行为。

除此之外，教师需要掌握社会、企业对人才能力的要求，在此基础上引导学生，同时制定科学的方案，制定培养目标。一本好书能让人如逢“知己”，亦可窥见生命的意义。像一位教师分享的那样，他曾经阅读了一本书，书名是《怎样做一个有趣的人》，读后深有感触，深觉做一个有趣的人，人生才真正有了意义，此后他努力让自己成为一个有趣的人。这就是一本好书的力量。

孩子在成长阶段是否接受了正确的引导，将会直接影响孩子未来的成长。赖内·马利亚·里尔克认为：“人的灵魂与肉体相同，如果没有保护他的庙宇，灵魂也会被外界的雨水淋湿。”人的思想将会决定其未来的发展，接受教育对人的成长、发展均有很大的作用。塑造自己需要从多方面入手，其中包含观念、品格、信仰、爱好等，想要形成良好的品德、正确的观念，需要一段时间，同时这些东西也会随着时间的推移发生变化，在人类成长的过程中，随着其阅历的积累，会改变其对世界的看法，品格、信仰等也会相应地发生变化。在人们成长的过程中，要想加深人类对自我认知的深度，除了积累阅历外，还可以通过读书的方式，增加见识，通过文字了解其他人的经历，增长自己的智慧，让人们更加了解自己，从而为其自身构建可以遮风挡雨的庙宇。从书本中还可以看到他人成长的缩影，分析人类社会的发展规律，仔细品味他人的真知灼见。大部分人对自我的认知仍停留在初级阶段，这种情况的出现，是因为大众并没为自己灵魂构建可以遮风挡雨的庙宇，使其无法深入地探究自己的本心。阅读让人从字里行间中思考，可以凭借文本中的内容，丰富读者的见闻，从而让维护人类灵魂的庙宇，可以被身处其中的人完全占据，并审视自身，敢于面对自己，释放真我，但是这点并不容易做到。感知真实的自己需要具备勇气、理想与信念。

读书可以增长见闻，陶冶情操。在阅读的过程中，读者与作者进行一场无言的交流，作者将自己的情感化成文字注入文章，读者可以从写作手法以及语言描写中，感受到作者想要表达的思想感情。 阅读可以让人使用最少的时间便掌握他人某阶段的人生经历，从这个层面分析，阅读是开阔眼界的良好方式，当阅读者碰到与自己想法相同的作者的文章，就如同俞伯牙与钟子期一样，再现高山流水。

19 世纪 90 年代末《梦的解析》正式发表，其由奥地利心理学家西格蒙德·弗洛伊德撰写，其中讲述了作者对人类意识等方面的看法，在很久以前，人们对世界的认识还处于模糊阶段，并不清楚梦境出现的原因，大家将做梦这种现象理解为神对人类的劝告。《梦的解析》这篇文章分析梦出现的原因，其实源自自我意识，人类在日常生活中一直压制自己内心最本质的想法，但是进入深度睡眠后人们将会释放自己，因此梦境也是大众了解、认知自我的良好方式。 在《梦的解析》这本书中作者认为：梦是无意识欲望和儿时欲望的伪装的满足；俄狄浦斯情结并不是个别人群特有的情感，而是大众均具备的心理情绪。 梦境并不是人们刻意制造的现象，而是人类普遍的心理情绪，梦境反映人们心底最真切的诉求，也是大众不需要隐藏自己的地方。 通过《梦的解析》这本书，可以顺着作者的想法，发现梦境与自我意识间的内在联系。

《道德经》是大家都不陌生的一本书，它的教导意义在于改变人们的思维方式，“无为”贯穿于全书的始终，引导人们改变固有的观念，改变对人、对事的看法，清净而无为，而无所不为。 人会因为自身经历、所处环境以及成长形成的意识，致使其对事物有不同的看法，在经历、环境、意识等方面因素的作用下，逐渐形成自己的人格。 读书可以让人在短时间内掌握更多知识，拓宽自身眼界，思想意识，对成长有非常积极的导向作用。 但要选择那些益智、增长大众见闻的图书，多阅读这类图书，可以汲取书中的宝贵思想以及正能量元素，形成健全的人格。 比如《道德经》，虽然本书字数少，但是其中阐述的思想却引人深思，在其“朴素辩证法”的作用下，可以让人们的欲望得到约束，从繁华世界中寻找到属于自己的生存方式，发现纷繁世界存在的“简静”美。从《道德经》的内容中可以发现老子一生崇尚“水”，老子认为水虽然是自然界中至柔之物，但是却拥有摧枯拉朽的庞大力量。对比水的各种状态后，提出水接近于道的理念，人们在为人处世方面，需要拥有像水一样“利万物而不争”的心态，存有不争的美德，才可以防止遭人嫉恨，免去不必要的麻烦。《道德经》至今已经传承两千多年，但是对于其的解读仍在继续，不同的人阅读《道德经》会有不同的感悟，将从书中获得的感悟应用于实践中，为自身带来发展契机。阅读任何有益的图书均可以给读者带来良好的效果，所以需要重视阅读对人类发展所起到的作用。

二、阅读于世界具有重要作用

(一)阅读的基本作用

文献信息包含了人类在一切方面所积累的知识，人们在成长过程中，通过阅读缩短积累知识所需的时间，掌握更多的知识。阅读培养人们形成良好的科学素养，也是推动社会文明发展的主要手段。自阅读发生以来，人类社会的精神交流日益强化，从而保证了人类文明能够持续快速地发展。随着信息社会的到来和发展，阅读活动也在向“深”和“广”发展，构成了一种推动人类社会前进的强大力量，这就是阅读的基本作用。

(二)阅读对个人的作用

1. 增加知识，充实头脑

人不能没有知识，无知最为危险、可怕。知识从哪里来呢？知识可以从两个途径获得，辩证唯物主义认为在实践中获取知识，这是人类直接获得知识的方法；还有一种为间接获取知识的方法，通过他人口述、书籍阅览等方式掌握知识。 两种都是获取知识的方式，但是两者间的区别非常大。 从实践中掌握知识，虽然会加深印象，但是实践会受到诸多因素的制约，比如实践需要付出的资源、时间等成本。 如果对于每样知识都依靠亲身实践，将会大幅度拖慢个人获得知识的速度，阅读便成为另一个获取知识的重要途经，阅读可以让人从书籍中获取知识信息、丰富人生阅历。 事实上，人的绝大部分知识都是通过阅读获得的，与人类在生活实践中得到的直接经验相比，这种间接知识可以说是无限的。

2. 深化能力，提升涵养

书是人类文化发展衍生的产物，阅读书籍可以让读者加深对世界的了解，信息的持有量将会直接影响到人对世界的看法。 通过阅读了解更多的知识，并在后期不断收集、整理自己掌握的知识，分析世界运行的规律，建立正确的世界观，这对个人日后发展至关重要。 另外，阅读放在信息时代中依然占有极强的影响力，互联网的出现虽然可以打破时间与空间的约束，改变人们获取信息的方式，但是依然需要个人拥有信息读取能力，从而才能在信息平台中，与人正常交流。

能否使用简洁的语言，清晰地表述自己的思想，对个人语言组织以及字词的、语句的应用要求较高。 能力的培养需要训练，但是在训练能力前还应该让人获取相关信息，这是一切的开始，通过阅读获取资料，经过日积月累的沉淀，配合各种训练活动，从而训练人们的逻辑思维，深化个人能力的同时，还可以通过阅读积累的知识，提升个人涵养。

(三)阅读的社会作用

1. 普及科学文化知识,提高国民文化素质

阅读是人们的终身活动，不论对儿童、少年、青年、中年或老年，都具有增加科学知识的效果，特别是在学习过程中的系统阅读和自我阅读，提高人们科学文化水平的作用更为显著。 所以，倡导阅读活动是提高人口素质的强大手段之一。

2. 推广先进技术,提高生产水平

阅读书籍信息是掌握和传播先进技术成果的基本手段。 一切从事物质生产的人们，都必须通过阅读书籍来获取先进技术，提高劳动生产效率，所以阅读活动具有促进社会生产水平迅速发展的作用。

3. 提高道德修养,开拓精神境界

书中自有黄金屋是一种象征手法，比喻书中内容对人类的价值。 阅读可以增长人的智慧，书中的知识可以让读者在短时间内了解别人一生的经历，还可以了解人类历史的发展。 利用阅读掌握人与人以及人与自然间的关系，从而便于人类进行自我定位，这也是人类处理交际关系的重要基石。 借助阅读扩充人类的知识存储量，引导读者形成正确的三观，树立高尚道德情操。 此外，阅读还可以丰富人们的精神世界，对人们的思想有着潜移默化的影响。

总之，阅读作为人们精神生活的基本内容和精神交流的重要渠道，是人类与世界的筑基，其促进社会迅速发展的作用是不可替代的。 阅读与广播、电视等信息交流手段相比，有着独特的优势。 阅读可以使每一个人都能完全根据自己的意愿，在任何时间、任何地点进行阅读，这正是它能发挥上述各项作用的原因。

第二节　阅读指导要摸准孩子的脉搏

一、了解孩子的倾向，摸准阅读的脉搏

教师要做好少年儿童阅读指导工作，首先要注意了解教学大纲对小学生阅读能力有哪些具体要求，要关注教育教学改革的新动向。 例如，教育部公布的《面向 21 世纪教育振兴行动计划》，从中我们可以看到国家大力推进教育改革发展，落实科教兴国战略，提高全民族的素质和创新能力的决心。 这也启示教师在日常工作中，需要细心观察学生在阅读时的言行举止，从其对图书类型的选择和个人特长、爱好中发掘小学生潜在的兴趣和个人能力；从哪些同学口才好、哪些同学作文好、哪些同学善于探究问题、哪些同学有些被动、哪些同学机智、哪些同学稳重等方面，分析学生行为，对学生的学习情况做到心中有数，进而开展有针对性的阅读指导工作。

进行教育信息收集、监管至关重要，教师需要改变以往狭隘的教育观念，从现代教育观层面分析学生阅读习惯。 仅了解学生在校期间的信息远远不够，因此教师需要与家长建立良好的沟通渠道，加强双方联系，掌握学生在学校与家里的表现，将成长背景作为教学评价的重要元素。 另外，需要让家长了解学生在学校的学习状况及课外辅导需求，实现从家庭与学校两方面共同指导孩子的阅读活动。 要真正达到这个目标，教师与家长还要多向学生提问题，用爱心、耐心和诚心给予其人文关怀及帮助指导。 教师在班级内也可以经常组织“书友会”“见识

会”等有益于学生相互交流的活动，让学生处于开放性的阅读环境与沟通环境之中，让他们自己去思考、去实践，将从书中学到的知识真正理解并运用到实际生活中。

二、做孩子阅读的点灯人——《小学生时代》阅读指导案例

(一)导读目标

（1）熟悉《小学生时代》的栏目版块，了解各版块的内容及特点，激发进一步阅读的兴趣和愿望。

（2）通过导读，掌握阅读的大体内容，可以有针对性地进行阅读，从而在提升阅读速度的同时，还能通过阅读掌握文献主要内容。 形成阅读导读的习惯可以大幅度提升阅读效率，对学生未来发展同样意义非凡。

（3）读好书、好读书，培养独立阅读的能力，丰富语言积累，陶冶高尚的情操。

(二)导读过程

1. 谈话导入导读内容

师：今天，老师要跟大家一起来阅读分享的课外读物是《小学生时代》，请同学们拿出《小学生时代》，让我们来一起探索、学习一些读书的方法。

2. 分步推进，习得读法

（1）导读封面

师：先让我们来认识一下它的封面，看看你能从中获取什么信息？

（学生自由发言。）

师：原来封面上藏着这么多信息，看来，我们拿到一本杂志，先读读封面是很有必要的，它让我们大致判断出一本杂志的优劣。

（2）导读目录

师：如果你想快速了解一期杂志的大概内容，你有什么好方法？

生：读目录。

师：那这本杂志中有哪些精彩的栏目？

（学生自主阅读，交流收获。）

师：看来，读目录有助于我们快速了解本期杂志的大致内容，便于我们根据自己的兴趣有选择地阅读，这是我们读杂志的一种好方法。

（3）导读栏目

师：每个栏目都有自己的特色，你最喜欢哪一个栏目？ 每次拿到它你首先会看哪个栏目？ 说说自己的理由。

（学生说自己喜爱的栏目，教师根据学生的反馈进行整理。）

（三）随机略读其他版块，交流阅读方法

师：分享阅读感受是快乐的，其他版块你又是怎么读的呢？ 和同学一起交流交流。

1. 导读“原创”

（学生交流分享阅读方法，教师在展台上展出学生批注、摘录的内容。）

师：在阅读杂志时，如果我们遇到像这样文质兼美的文章，做批注、做摘录都是不错的阅读方法。

2. 导读“卷首”

（学生交流，进行各种形式的诵读。）

师：读卷首，诵读是一种好方法。

3. 导读“关注”

师：读“关注”可以借助“读题目，猜内容”“图文对照，加深理解”“抓关键句，谈感受”等方法来阅读。

（四）总结提升，阅读推荐

师：这节课，我们一起走进了《小学生时代》。通过交流，我们学到了很多阅读方法，分享了阅读的快乐。希望大家课后能继续与《小学生时代》为友，与好书为伴；让阅读伴我们健康成长，让好书携我们一起走得更远，飞得更高！

三、案例反思——有的放矢地做好阅读指导工作

阅读是青少年丰富知识、陶冶情操、锻炼思维、增长阅历的重要手段和途径。教师在教会学生如何阅读的同时，还要教会他们从阅读中获取知识的方法和运用知识的能力，努力做好素质教育工作。要实现这一目标，教师就需要做好以下几个方面。

（一）按需导读

学生能否形成阅读习惯与教师教育方法有极大的关系，教师需要掌握小学生心理特征，并分析学生当下的阅读兴趣与阅读需求，有针对性地引导学生阅读习惯，教师要了解小学生的阅读心理、阅读兴趣，为满足学生的阅读需求，实现有针对性的阅读指导。

如何满足学生的阅读需求？首先，要保证学生可接触的图书资源的数量，要

不断丰富、补充一些学生喜闻乐见的图书资料，加快班级内的书刊更新速度，丰富学生的校内读物资源。其次，教师要从求知欲望方面对学生加以指导，鼓励学生通过研读优秀的图书资料，达到振奋自我、充实自我的阅读目的，满足他们好学、好奇、好强的心理需求，进而强化学生的阅读效果。最后，在此基础上，教师要向学生推荐一些学术价值高、有利于增长阅历、提高综合知识水平的书籍，可以使他们的能力与人性得到提高和升华，拓宽其知识面，培养其学科学、爱科学的精神，提高其文化素养、综合分析能力和创造思维能力，进而推动“科教兴国”战略的实施，促进整个中华民族科学意识的发展。

（二）按教学大纲要求导读

少年儿童的阅读，存在着不同年龄、不同群体、不同文化程度上的差异，从学生的阅读心理自然发展过程和推进素质教育进程的角度出发，少年儿童阅读能力的发展可分为初级、中级、高级三个阶段。初级阶段是指儿童从不具备到初步具备识读文字能力的阅读阶段；中级阶段是指学生进行丰富和深入阅读的阶段；高级阶段是指学生的阅读理解与阅读技巧趋于完善，可以提升阅读难度，让学生根据已经掌握的阅读技能与知识，进行创造式阅读。小学阶段的学生会随着年龄的增长，其能力会出现较大的变化，因此需要按照学生在初级、中级、高级三个阶段的学习能力，提出阅读要求。作为儿童教育的主要环境——学校教育，一定要按教学大纲的要求在阅读指导中掌握好尺度。例如，对处于初级阅读阶段的儿童，教师可以推荐卡通、童话、自然科学之类的注音读物，用问答的方法让他们知道书中有哪些内容，告诉他们看书能学习知识，帮助他们与读物建立联系。对处于中级阅读阶段的学生，教师在积极推荐新书的同时，应尊重他们的心理需求，引导、帮助他们甄选内容好、品位高的图书，也可以通过组织“读书心得交流会”“故事会”使他们学会获取知识的方法，懂得真正的“知识”是人类创造的全部科学知识。只有阅读大量的科学、人文等百科图书，才能丰富知识，提高鉴赏能力和认知水平。对处于高级阅读阶段的学生，在满足其阅读需求的基础上，教师要把阅读与综合素质的提高、鉴赏水平的提高结合起来。对于那些“武侠迷”“言情迷”以及为寻求刺激而读书的学生来说，教师可以通过组织“兴趣爱好点睛课堂”“向大家介绍一本好书”等活动，引导他们读一些优秀的文学作品、经典世界名著等，在加强知识储备的同时逐步增加其知识的深度和广度，让他们找到适合自己的学习方法，由“学会”变“会学”，使阅读活动朝着健康、向上的方向发展。

(三)配合教学改革,扩大素质教育成果

教师应对阅读作业进行改革，转变导读观念。教师应从过去倡导的“多读书、读好书”出发，认真思考如何使学生将学到的知识应用于实践，恰当地使学生在实践过程中提高综合运用知识的能力和创新意识。教师可以从工作过程中的每个细节去摸索、去实践。例如，针对培养学生的语言表达能力，教师可以在阅读指导的过程中多提问——这本书对你有帮助吗？你可以受到哪些启发？书中哪些内容最吸引你？精彩片段有哪些？书中的人物值得你赞赏吗？你理想中的人物形象是什么样的？在这种自然的对话中，教师可以引导学生评价各类图书，在交流中也可以指点学生准确用词、准确表达个人见解，提高其简练描述事物的技巧。经常进行这样的交流就能使学生在阅读中提高思维能力和分析能力，变“死读书”为“学用结合”。长此以往，教师与学生之间也会建立起一座“心理书屋”，并使其逐渐成为知识、情境、心灵的交汇基地（如图1－1）。这样循序渐进，就能使学生真正增长见识、提高写作水平。

图 1－1　阅读指导中的教师与学生

第三节　调动阅读兴趣就要把孩子当作朋友

一、小学语文阅读环境创设

学生阅读兴趣的培养、能力的提升不只是通过学校和教师的努力就能实现的，还需要社会、家庭的共同配合。一个良好的社会阅读环境可以造就浓厚的学生阅读氛围，一个良好的家庭阅读环境可以对学生阅读兴趣的培养起到积极的、不可估量的作用。

(一)为孩子实现阅读空间覆盖化

1. 联合区图书馆,共建书香社区

平潭图书馆构建内部功能区,进行场地功能布局期间,高度关注青少年阅读推广方面的工作,合理优化内部空间。针对掌握的青少年阅读推广信息,还在当下意识到传统图书功能区间设计对青少年,特别是少儿关注度不足,所以特意设计了符合少儿所处年龄段、心理特征的方案,设置少儿阅览室。结合少儿需求,建立少儿阅览室后,还需优化阅览室内部的配置,需要随着时代的发展不断完善馆藏资源。为了吸引学生关注阅览区,还应该提升活动内容的新颖程度,激发学生阅读图书的积极性,发挥引导作用,培养学生形成良好的阅读习惯。

另外,需要不断丰富馆内的书籍,补充少儿区域的书籍,为少儿构建取之不尽用之不竭的知识宝库。阅读环境也是教师培养学生阅读习惯的影响因素,平潭图书馆考虑到这方面问题,所以重视馆内看书环境的营造,合理布置馆内空间。平潭图书馆内部环境优美,浓厚的学习风气,营造了一种强烈的文化氛围,是除学校以外的良好的学习场所。

笔者所在的城中小学利用区图书馆就在学校附近的地理位置优势,借阅、开展活动非常方便的特点,与图书馆开展“我们手拉手——平潭图书馆与城中小学阅读共建”活动,图书馆给全校两千多名师生每人赠送了一张“诚信借阅证”,可以终身免费借阅。另外,学校与图书馆联合举办了多种阅读活动,使学生积极参与到各类型的阅读活动中,丰富了他们的阅读经历和人生经历。

2. 学校引领,打造书香校园

美国著名的阅读研究专家吉姆·崔利斯(Jim Trelease)说:“如果您身为一校之长,在教育过程中不仅需要将着眼点集中放在教室中,还需要为学生构建专

业能力强的教师团队，并为学生创造适宜阅读的环境，形成良好的校园学习氛围，这会为自己带来无以言表的自豪感以及满足感。”学校作为学生学习的主营地，是学生形成良好专业能力的场地，学生在学校能否接受良好的教育，形成深厚的文化底蕴以及学习技能，均与学校环境有着密不可分的联系。因此，教师需要在关注学生学习、阅读的同时，重视学校环境的创设，还需要激发学生阅读的热情，完成学生学习领路人的教育任务。首先，学校要为学生营造浓厚的阅读氛围，创设校园阅读文化环境，实现阅读“硬”环境的建设。学校可以充分利用校园的可利用空间，如教学楼的走廊、楼梯间、操场外墙等，设置有关读书方面的名言书画等文化标志牌，如“书籍是人类进步的阶梯——高尔基”“读书有三到，谓心到、眼到、口到——朱熹”等，借古今中外文化巨人之口，教授学生读书的意义和方法。同时，学校也可以在各个教学楼层的空余位置设立别致的“读书吧”，根据不同学段的特点，摆上不同类别的书籍，让学生的阅读变得“触手可及”，让他们时时被书香气息所包围、熏陶，借助环境育人的力量，使校园成为学生阅读的乐园。

3. 书香门第，创建良好的家庭阅读环境

创造良好的家庭阅读环境异常关键，学生在学校以及家里的时间居多，教师仅从学校环境创设方面入手，无法确保孩子在成长过程中形成良好的阅读习惯，只有双向推进环境构建工作，为学生打造良好的学校环境与家庭环境，让学生可以在成长期间通过耳濡目染的方式，对阅读充满好感。对阅读产生兴趣是培养孩子良好阅读习惯的前提，创建良好的阅读环境后，引导孩子形成良好的阅读习惯，从而才能让孩子在成长过程中，通过阅读拓宽自己的眼界，让孩子受益终生。

教师与家长需要携手共建，为孩子创造良好的阅读环境，是培养孩子形成阅读能力的有效手段。美国研究学家吉姆·崔利斯曾经根据其在孩子行为能力培养方面获得的研究成果，建议家长为了帮助孩子形成良好的阅读习惯，必须注重孩

子成长环境的构建，应该为孩子成长进行充足的准备。 首先，为孩子创造良好的阅读环境，需要了解孩子在其所处阶段的所思所想，确定孩子对书籍的看法，还应该了解孩子喜欢的图书种类，为孩子采购相关类型的图书。 开卷有益对孩子形成阅读习惯非常重要。 另外，家长还应该让孩子在书中做标记，让孩子对自己的图书有拥有感。 其次，为孩子采购书架等设备，让孩子可以在书架中将自己的图书按照类别进行规整。 最后，在孩子阅读空间中安置孩子喜欢的小饰品，让孩子乐于待在阅读空间中，为孩子创造安静的阅读环境，让孩子可以惬意地阅读图书。 除此之外，为了满足孩子在不同时段的读书需求，需要保证孩子阅读环境的光线明亮，让孩子可以全天阅读书籍，所以需要为孩子安装灯饰，并且还应该在孩子床头添加灯具，让孩子在睡前想要阅读书籍的时候便可以阅读书籍，让书成为孩子成长中的一部分，良好的阅读习惯是通过日积月累才能形成的。

在家庭阅读环境创设期间，必须要重视孩子对阅读的想法以及对阅读书籍的需求，在此基础上合理规划阅读区域的空间结构，保持光线充足。 根据孩子当下所喜欢的事物，重新装饰孩子的阅读空间，并引导孩子对阅读产生兴趣，在闲暇时段可以阅读书籍，久而久之便可以让孩子形成良好的阅读能力，还能让孩子拥有日常阅读的习惯。

(二) 基于儿童视角的阅读资源开发策略

小学高年级学生的自我意识发展开始加速，独立意识在学生内心形成，这使得他们独立心理与幼稚心理的冲突日益凸显，容易出现固执、盲目地拒绝别人建议与劝告的心理。 同时，他们抵制外部诱因干扰的能力也进一步加强，在坚持和恒心方面也有一定的发展，能通过自我反思和自我监督独立完成一些困难的任务。 因此在阅读上，可以发现学生表现出极强的自主性，但是学生并没有形成辩证思维，自主性以及选择能力不足，这些缺点将会成为学生阅读路上的绊脚石。

阅读过程中收集信息是其中非常重要的职能，但是阅读并不仅仅是收集信息，还需要读者可以在阅览信息后完成对信息的加工，比如信息的读取、收集、整理、筛选、思考，在做完这些后，还会根据受体的需求完成信息的再加工，只有基于高年级儿童的阅读需要、阅读兴趣和生活体验，才能带给学生良好的阅读体验。

在这样的情况下，如何基于儿童视角开发精准有效的、适合学生年龄特征的阅读资源，也就成为小学高年级语文教师阅读教学的重要任务。 要完成这个任务，教师需要在阅读教学中注意以下几点。

1. 整合教材,创设阅读主题

语文教材中的课文都是经过精挑细选的名篇佳作，可以作为珍贵的阅读资源，让学生阅读，并从中获得智慧。 教师在当下依托教材进行阅读培养工作，需要让学生能在其中掌握选择文章的方法，帮助学生找出阅读的重点所在，考虑学生在小学阶段各方面能力尚没有定型，学生仍有非常大的发展空间，因此,教师需要根据学生当下所处的状态，找到阅读教学的重点，同时还应该引导学生发现文章的关键点，灵活地选择教学方法。 激发学生阅读兴趣，让学生可以通过书籍加深对教材文本的认识，激发学生的阅读兴趣，从而让其对阅读产生自主意识，不仅能在课上阅读教材文章，还可以在闲暇时自主阅读，让学生形成良好的阅读能力。

学生形成良好的阅读能力，对其语文学习有非常大的益处，小学语文作文以及阅读均是非常重要的核心内容，两者之间存在密不可分的联系，让学生形成良好的阅读能力，对学生理解课本、积累写作素材均有不可替代的作用。 教师需要在教学期间充分挖掘教材内的教育价值，推进阅读教学工作。 另外，语文教材中的文章虽然都是经过精挑细选的，但是需要教师应用正确的方法，引导学生发现教材内容的优异之处，让学生主动学习这是教学工作的重点所在，引导学生发现文章写作方式的特点，分析行文框架。 鉴于学生当下对文章架构并没有清晰的认知，所以会对其写作以及分析阅读造成一定的阻碍。因此教师需要从文章内容切入，让学生可以了解文章的行文脉络，提炼故事梗概。同时在此基础上加强文章各段的关联，让学生可以有针对性地了解文章各部分所述的内容。除此之外，还应该满足学生阅读需求，并采用主题式阅读引领的手段，让学生可以通过课上文本阅读，加强其对阅读资料内容的把握。在教学过程中将阅读需求与学生阅读兴趣相关联，并有意识地渗透阅读技巧，长此以往可以让学生形成良好的阅读能力，通过主题式阅读的方法，提升学生处理主题资源的能力。

教师可以从小学高年级语文教材各单元入手，在单元学习一开始便从课文（古诗、文言文）、语文园地、口语交际、习作等入手，进行规划、组合，通过线索串联去提炼主题。例如，人教版语文六年级上册的第二单元，以“爱国主义”作为这一单元的主题最为恰当，单元中的三篇课文和一首诗歌从不同身份、不同人物、不同年代的情感出发，让学生感受文中主要角色的家国情怀。沿着这个思路，教师可以开发“我爱我的国”主题阅读资源，结合“读书分享会”开展评价，引导学生体验祖国的伟大，使其为祖国的强大而自豪（如表1－1）。

表1－1　“我爱我的国”主题阅读安排表

阅读主题	阅读书目	分享形式	评价方式
“我爱我的国”	《红岩》节选	故事分享	可以多人合作完成。全班竞赛，一等奖1名，二等奖2名，三等奖4名
	《小兵张嘎》	课本剧展示	国旗下讲话，班级选派优秀小组展示
	《可爱的中国》	朗诵比赛	开展年级朗诵竞赛
	《中华爱国先辈故事》	故事分享	可以多人合作完成。全班竞赛，一等奖1名，二等奖2名，三等奖4名

2. 立足地方，开发地域文化阅读资源包

凡是有人生活的地方，必然存在大量的语文课程资源，如某一处自然景观、

风景名胜等。自然是珍贵的历史、地理资源，但同时也因为其存在的特殊性，具备了语文课程资源的属性。地方文化阅读资源的开发既能满足学生对生活实践的体验，也能满足学生对课外阅读的需要。因此，教师可以在地域阅读资源上，立足地方特色与学生的阅读兴趣，以开放性、综合性为原则，通过资料查询、实地调研等方式尝试对地域文化进行阅读资源开发。

例如，平潭地区的文化渊源可追溯到近六千年前的新石器时代，壳丘头文化遗址遗留众多文化，其是由当地居住的海岸人民在生活中创造出的文化，故事传说、民歌民谣、俚言谚语为人们留下极为丰富且不可替代的海洋民间文化。壳丘头文化遗址中的民间文化还启发了我国不少学者进行创造，其中念家圣先生便是受到壳丘头文化遗址文化的感染并且得到启发，在后期编著了《平潭民间传说》，其中关于村夫与渔民生活等事件之所以能够充满烟火气，是因为分析当地民间文化，并且走访了遗址中的大部分土著居民，整合相关文献，查找以往专家对壳丘头文化遗址的研究文献，从而才能让读者透过《平潭民间传说》感受到渔民其独有的感觉，同时文中内容翔实，并配有反映当地风貌的图片，属于当下极具本土特色的文化读物。因此，将其作为地域文化阅读资源具有很强的开发利用价值。

在利用《平潭民间传说》阅读资源的过程中，教师可以将阅读赏析故事内容、理解故事内涵情感、了解人事地方风貌、学习故事创编写法作为资源开发的目标，指导学生通过阅读平潭地区的民间故事来把握本地的风土人情，提升其对家乡认同，激发自身热爱家乡的真挚情感。教师需要将其主要篇目内容，结合儿童视角和年龄特征进行筛选和整合，再通过学生阅读和综合实践活动相结合的方式，让学生在阅读中探究地方的历史，在资源开发利用的过程中实现语文学习和品德修养共同进步。

3. 利用网络，开发“互联网 + 阅读资源包”

“互联网 +”的出现让学生可以掌握阅读自主权，赋予学生更多的自主阅读权利，在互联网平台，学生可以不受空间的束缚，快速查询到自己所需的资源。互联网收纳众多资源，并且信息存储空间大，浏览器算法强大，可以让学生在短时间内找到自己所需的资源，这是以往纸质文献收集所不具备的优势，简化资料查询工作的难度，使学生进入完全自主的学习状态。

在“互联网＋阅读资源包”的开发中，教师可以将“有声阅读”作为学校阅读资源开发的重心来开展。通过借助互联网中的各类听书 App（应用程序），教师可以开发多种听书资源。例如，利用“喜马拉雅 FM”App，教师以示范的身份，进行书籍的品鉴、范读。学生在听书的过程中，不但可以聆听教师的范读，更可以聆听教师的理解和感悟，对照自己阅读的体会和教师一起共读篇目，互相印证阅读感受，在丰富阅读量的同时，也调动了学生参与的积极性。学生在听书的过程中，也会产生强烈的阅读渴望和参与学习的热情。

阅读是小学语文教育的基础和重中之重，是小学语文教育质量的重要体现之一，而且对学生“听说读写”能力的提升有着极其重要的意义。阅读资源的开发是课程改革发展的要求，也是语文教育发展的需要，更是学生实现自我发展的需要。而阅读教学资源的开发只是其中一部分，更重要的是要在学校内创设良好的阅读环境，发挥学校和地区图书馆的应用价值，通过引导学生利用课余时间进行阅读，来发挥资源优势，提升阅读质量。同时将课内和课外阅读进行有效整合，不断加深对阅读资源的探索与开发，才能真正激发学生的阅读兴趣，为学生阅读能力的提高和终身学习提供真正的帮助。

二、小学生阅读兴趣与习惯的培养

叶圣陶是我国早期的教育学家，在教育方面有其独到的见解：“语文教学必须明确教育目的，阅读与写作是语文学科的核心，同时阅读与写作联系密切，进行语文教学必须培养学生形成良好的阅读习惯。”那么，怎样才能培养小学生良好的阅读习惯呢？ 我们应根据学生的年龄特点，将其分为低、中、高三个阶段，以阅读时间常态化为经线，纬线则是阅读活动多样。 掌握阅读的经纬线后，还应该从人才培养角度出发，了解学生能力培养的重点。 小学阶段是学生各方面能力正式培养的关键时期，但是教育工作必须科学得法，需要考虑学生的实际需求，还应该保证所采用的方式学生并不排斥，最好采用由浅入深、层层递进的方式进行课上阅读教学，还应该让学生发现阅读与写作间的联系，引导学生多阅读书籍，采用课上演讲或是举办朗读活动等方式，让学生可以从小便关注阅读，形成阅读习惯，对学生未来的发展意义重大。 教师还应该掌握学生的心理需求，不断调整教学方案，对学生进行适当的修整，构建读书角形成良好的阅读氛围，让学校成为学生阅读的主要场所。

(一)阅读兴趣——让低段的孩子沉浸在阅读的海洋中

孩子在不同年龄段其能力各异，幼儿阶段的孩子仍处于教育启蒙阶段，一切的知识都让幼儿觉得新奇，但是由于孩子年龄尚小，同时没有接受良好的文化教育，所以知识的接收方式仍然以听为主，比如看电视、听广播、听人们交谈，与主动获取知识相比，采用中间渠道获取信息的方式更加便捷、省力，同时看电视或是听大人讲故事也属于阅读。 教师要引导孩子翻阅绘本书里生动、鲜艳的画面，一边引导孩子看，一边读给他们听。 这一阶段的正确引导能使孩子得到适时的阅读启蒙，为孩子过渡到下一阶段奠定初步的基础。

大部分家长对教育的认知尚不全面，在孩子学前阶段要求其学习大量的知识，但是并没有发现能力培养方式是否科学，同时对孩子教育方式也欠缺合理性、科学性，部分家长要求孩子在学前认识尽可能多的汉字，但是忽略了“听故事”等活动对孩子阅读能力起到的作用。 由于学前阅读教育不足，所以在孩子进入小学后便需要重新进行相关的培育工作。 虽然孩子的阅读兴趣培养可以从小学初级阶段弥补，但是效果要弱于学前阶段开展阅读活动产生的效果，家长已经错失培育孩子阅读的黄金时间（学前阶段），需要在小学低段（一、二年级）加强培育力度，对孩子进行有效的阅读兴趣培养。

孩子在进入一个班集体后，如果教师能为他们创造一个良好的读书氛围，对孩子阅读有非常显著的积极导向。 人类属于群居动物，为孩子创造良好的阅读环境，可以借助氛围引导孩子进行阅读，同时教师还应该给予学生正确的指引，从旁协助孩子阅读，传授孩子一些阅读技巧，让孩子可以使用更科学、有效的方式，在较短的时间内掌握书籍中的内容。 良好阅读氛围的创建，必须掌握学生的心理特征，了解学生喜爱的事物，从而培养孩子形成阅读习惯，并在阅读过程中增加知识存储量，提升孩子的阅读能力。 根据当前整理的资料，教师创造阅读环境可以从以下两个方面进行。

其一，掌握学生每天的作息时间，让学生养成阅读的良好习惯。 学生每天阅读的时间并不需要太长，否则很难坚持，但是需要保证阅读时间不低于 10 分钟，学生阅读时间设定在 10 ~ 20 分钟区间内，习惯的养成只需要 21 天即可。 为了让孩子可以拥有良好的阅读习惯，应该灵活选择学生阅读的内容。 教师需要与家长进行协商，活动内容以讲故事的形式进行，活动的形式要新颖，目的在于吸引学生的眼球，让其可以积极参与其中。 比如教师可以举办故事娃娃、听老师讲故事、故事妈妈、故事大王评选、好故事推荐等活动。 其中故事妈妈会邀请家长来讲，采用多种方式进行活动，不会让孩子觉得教学方法过于普通，同时故事演讲内容应该以学生感兴趣的寓言、童话等为主。 讲故事也是阅读的一种形式，进行讲故事活动，可以让班级学生共同受益，当然教师在当下还应该积极应用教学多媒体设备，丰富讲故事活动，使用图片、音乐等方式创建符合故事情境的场景，让学生在活动期间有身临其境的感觉，优化活动效果。

其二，利用读书节活动，培养学生读书、看书、爱护书本的好习惯。 例如，通过个人、合作制作等方式，举行“小小书签书味浓”制作书签活动，培养学生良好的口语表达能力；结合学校开展的读书活动，通过录像参评、现场参评的参与方式举行“故事擂台赛”来激发并增强学生课外阅读的兴趣，使其体验读书的乐趣，让学生明白“读书好”的道理，养成“好读书”的习惯。

另外，从当下掌握的情况中可以发现，并不是所有的家长都能认识到阅读对孩子成长所起到的重要性。 目前很多家长认为孩子在学前阶段、小学阶段应该掌握外语、音乐、舞蹈等方面的才艺，这些都是学生以后升学时可以为学生加分的项目。 孩子阅读能力的培养仅靠教师的努力还远远不够，因此，教师应该让学生家长认识到阅读对孩子成长起到的关键作用。 在信息化高速发展的今天，使用微信、QQ 等通信软件，建立教师与家长可以随时沟通、联系的平台，在双方联系的过程中，分享孩子在家或是学校的日常行为，同时教师还应该借助双方沟通的机会向家长阐述阅读对孩子成长的关键作用。 定期在公众号、微博中宣传阅读方面的知识，还应该在公众号文案中添加实例，通过真实案例让家长意识到阅读对孩子能力培养起到的决定性作用。

除此之外，教师还应该根据孩子成长以及教育部对孩子能力培养提出的最新指示，定期向家长推送一些书目。 考虑到低段学生认字数量有限，所以在前应期鼓励家长在孩子睡觉前，采用讲故事的方式，为学生形成良好阅读习惯做准备。教师还应该与家长定期进行沟通，分享孩子成长信息，并告知家长培养孩子阅读能力的技巧，鼓励家长积极参与班级阅读等活动，规范孩子日常行为，让孩子可以从小养成阅读习惯，这对孩子未来成长意义重大。 （如图 1 – 2）

图 1－2 良好的家庭阅读环境

（二）阅读定力——让中段孩子坚持每天接受持续默读的训练

《小学语文新课程标准》指出，一、二年级要让学生初步学会默读，将做到不出声、不指读作为阅读的目标，设立阅读目标后需要按照设定的阅读能力培养方案推进相关工作。学生经过一、二年级阅读能力培养，学习了大量日常使用的文字后，已经形成基本阅读能力，同时学生的识字量也足以支撑学生阅读，所以教师需要在学生进入三年级后，重新设定阅读培养目标。对于中段学生，也就是三、四年级的学生，应该以培养学生形成默读能力为重心，持续默读文章需要学生具备较强的阅读素养以及能力，但是素养与能力的培养是一个漫长的过程。教师在此过程中，必须保持充足的耐心，同时还需要将持续默读能力培养，作为三、四年级语文教学工作的重要内容，整合当下教育资源，大力开展班级阅读文化建设工作。仅用课上时间难以培养学生形成持续默读的能力，教师可以利用班级午休中的一小段时间，专门用于学生静心阅读，同时需要保证学生静心阅读的时间不能低于 20 分钟，否则持续阅读能力培养效果将会受到影响。教师开展“静心阅读”活动后，还需要在活动后期跟进教育培养工作，了解教育活动进展效果，并不断完善教育方案内容，提升阅读教育活动效果。

静心阅读活动让班级学生可以在安静的环境中专心阅读，在此环境中阅读效率会大幅度提升，长此以往还可以逐渐培养学生形成良好的阅读能力。集中一段时间作为静心阅读活动，对培养学生形成持续默读能力有极大的帮助。对学生持续默读能力的培养，应该考虑到三、四年级学生活泼好动的习性，因此，教师如何让学生在阅读活动期间静心阅读，将极度考验教师的能力。教师必须在活动中的期间，在一旁掌握活动的进行情况，记录学生在活动中的状态。静心阅读要求学生自主阅读，这与以往的阅读方式有极大的不同，以往听故事等阅读方法属于被动接受信息的阅读方式，并不利于学生阅读能力的提升。因此，进行阅读活动中，需要让学生自主阅读，同时还需要考虑到三、四年级学生能力培养的目标，需要让学生可以形成持续默读的能力。为此教师在活动开展前，需要收集班级学生的信息，了解班级学生当下喜爱的事物以及喜欢的图书类型，兴趣是学习最佳的导师，教师应该选择学生感兴趣的图书，同时还需要在活动进行期间，规范学生的行为，让学生慢慢适应独自阅读，并让学生在静心阅读活动中形成自主阅读的习惯，这对学生阅读能力的培养至关重要。另外，教师需要考虑到阅读行为发生变化，学生适应行为转变所需的时间，从被动阅读向自主阅读过渡，不同学生所需的时间并不相同，有些学生可以在短时间内快速适应，有些学生即便一个学期的时间也难以做到长时间自主阅读。部分学生长时间难以完成自主阅读，便会对长时间默读产生抵触情绪，为了规避这种情况出现，保证活动可以正常进行，同时可以培养学生形成自主阅读能力，教师必须在活动进行所有环节一直陪同学生，还应该及时指点学生，消除学生在活动中出现的疑惑，让学生慢慢感受到阅读的魅力，形成独自默读的能力。

中段年级的学生以持续默读作为阅读能力培养的目标。由于我国三、四年级的学生喜欢外国童话故事和我国民间故事，因此曹文轩等作家编辑的儿童文学深受中段学生的喜爱。教师应该多引入曹文轩的图书，作为孩子阅读能力培养活动的阅读作品。在此过程中教师还需要与家长多沟通，了解学生在课后阅读能力培养情况。优秀的书籍不仅可以培养学生形成良好的阅读能力，而且对学生逻辑思维以及个人内涵培养形成也起到不可忽视的作用。教师开展阅读活动，需要以学生作为活动主体，了解学生的心理需求，举办各种与阅读相关的活动，同时鼓励学生积极参与，让学生在活动中，感受阅读的魅力并在主动阅读期间形成持续默读的能力。对学生在活动中取得的进步，教师应该予以表扬，让学生对自由阅读产生信心、收获喜悦，使学生乐于投身阅读活动中，并形成自主阅读的意识。

除此之外，班级内可以举行一些朗诵比赛，通过正确、流利的朗诵，激发学生对朗诵的兴趣，使其一边读一边想象画面，读出文字中所蕴含的情感，提升学生的语文素养。通过“好书推荐”活动，教师可以和学生共读一本书，进而指导学生在默读中与好书“交朋友”，让每一位学生享受阅读的快乐，让“人人爱读书，读书乐无穷”成为学生的共识，不断提升其自我阅读品位，为其人生奠基。

（三）阅读审美——让高段的孩子在阅读的广度和深度中提高鉴赏能力

《小学语文新课程标准》指出，小学五、六年级学生在阅读过程中，应该具备根据文章的语句以及其中词汇的情感色彩分析文章的能力，清晰地掌握作者想借助文字突出的内容，并掌握作者想借文章表达的寓意或者情感。

辨别文章语句、词汇的感情色彩，分析作者的写作意图，进而掌握文章的整体情感导向。小学五、六年级学生需要具备分析阅读内容、掌握作者表现情感的能力，领悟文章基本表达方式，同时需要在学习过程中可以深入挖掘文章内容。为保证教学工作收获良好的效果，教师需要引导学生采用小组探究的方式，学生根据教师提出的问题进行研讨，在不同看法下，激发小组成员对文章内容的思考。教师还可以在活动探究的过程中，采用提问的方式引导学生发现问题、解决问题。

学生在阅读期间，需要设身处地地分析作者想要抒发的情感，通过文章字词、语句揣摩作者想要表达的情感，对于叙事类作品，让学生在阅读过程中关注文内描述的场景、人物，并根据作者使用的词汇，分析词汇的感情色彩，并以此作为掌握文章情感方向的凭据，揣摩作者想借文章表达的情感，比如同情、怜惜、愤怒等。对于诗歌类作品，教师需要引导学生根据字词描绘的场景，想象作者勾勒的环境，并以自身情感分析作者想要凸显的含义，体会作者的感受，让学生发现作者透过文章传递的信息，并根据诗歌传递的情感进一步分析文章框架等。阅读高层次作品，不仅需要关注文章内容，还需要了解文章想要透过语句表现的情感，考虑到高段学生当下的分析能力仍在培养过程中，因此，教师需要在整个过程中充当领路人的角色，引导学生分析文章的词汇以及语句，感受作品的魅力，这对学生形成阅读能力有非常大的帮助。高段学生参与中段阅读培养活动，已经具备良好的阅读能力，因此，对高段学生进行阅读能力培养时，教师必须提升培训标准，让学生可以在阅读内容的同时感受作者想借助文字表述的情感。课外阅读种类各异，但是其中均有学生并不了解且极度感兴趣的内容，所以对小学高段学生而言充满着诱惑。但是部分学生会受到自身惰性的影响，难以看完整本书，同时对内容的掌握也仅是停留在字面含义上。因此，教师必须要改变学生对阅读的观念，同时还需要利用活动让学生不再抵触阅读行为。通过中段阅读培训活动，已经在极大程度上消除了学生对阅读的抗拒心理，但是为了使阅读成为学生日常常态化行为，还需要提升阅读活动量。

另外，考虑到高段学生阅读能力随其年龄一同上涨的实际情况，中段的阅读目标已经不再适合高段学生阅读能力培养，因此需要在当下重置高段学生阅读能力培养目标。从精神层面进行深入探讨，学生对书籍的需要不仅可以满足学生对外界事物的好奇心理、拓宽其眼界，同时还可以慰藉学生心理，满足学生心理诉求。 教师应该以经典作品解读、班级读书会、主题阅读、读书笔记等活动，引导孩子感受深度阅读的快乐。 除此之外，教师还可以加深与学生的互动程度，通过表演课本剧、师生共读一本书等活动，提升师生在活动中互动的比重，激发学生参与活动的自主意识，同时培养学生形成良好阅读的能力。 教师要将阅读作为日常生活常态化活动，让学生将阅读当成日常生活必须进行的一项活动，如同吃饭、喝水等。 借助各种阅读活动，在帮助学生积累知识的同时，引导学生有意识地分析文章内容，进而提升学生的阅读分析能力。

阅读活动进行阶段，教师需要分析学生的心理，对于经历了持续默读、自由阅读的高段学生而言，大量的阅读培训活动已经对其自身造成极大的损耗，所以学生已经进入阅读的疲惫期。 在此状态下，教师必须采用科学的方式开展阅读活动，需要从学生能力培养层面考虑，让学生可以形成逻辑分析能力，在阅读文章内容过程中，需要将着眼点集中于文章信息的背后含义，借助文字了解作者想要通过文字传递的情感，利用阅读引发学生对文章内容的思考也变得尤为重要。 学生在成长阶段，对外界文化的辨识能力不足，容易被市场中畅销的网络小说吸引，但是网络小说内容并没有经过筛选，部分内容虽然是精品，但是低俗小说更多，学生如果长期阅读此类小说将会受到其中不良内容的影响，比如色情、暴力等内容，致使学生容易形成错误的思想观念，对学生日后发展将会造成难以预估的影响。

小学生正处于成长的关键节点，学生初步价值观便是在此阶段形成的，教师和家长应该关注学生在成长阶段发生的转变。 教师关注学生在校期间的表现、家长关注学生在家中的行为，教师与家长需要建立沟通平台，加强双方间的联系，及时分析学生在家以及学校的信息，家长与教师在学生初步鉴赏能力以及价值观形成的阶段，进行深层次的介入以及引领，规范学生的行为，并为学生挑选适合其成长的书籍。 但是在此期间需要给予学生一定的自由，既不能完全控制学生，也不能给予学生过多自由，因为学生在小学阶段世界观尚没形成，所以极容易做出错误的决定，教师与家长进行深入介入，规范学生言行，并给予学生正确的引导，在教师与家长双方努力下，对学生进行深度的阅读思考介入，逐渐让学生形成正确的发展观念，有精神追求的学生在选择阅读刊物时，会偏向于益智、健康、增长见闻的书籍，当学生拥有正确的阅读观，在极大程度上说明，学生阅读水平大幅度提升，已经进入可以自由阅读书籍的阶段。

高段学生经过低段与中段的学习后，阅读能力已经得到极大的提升。教师指导高段学生阅读期间，需要结合学生当前的阅读能力，结合学生成长需求，对学生进行深度指导。在指导学生阅读过程中，还应该完成学生阅读深度以及广度的引领作业。对于高段学生，教师需要考虑到随着学生年龄增长阅读需求呈现多元发展的实际情况，部分学生喜爱言情类型，部分学生喜欢网络小说，部分学生对历史类型的书籍感兴趣，针对学生在五、六年级呈现的阅读需求多样化发展的特征，需要鼓励学生阅读其喜爱的书籍，让学生在其感兴趣的书籍中增长见闻、获得知识，还能在极大程度上增加学生对阅读的喜爱。热爱是做好每件事的前提，教师在鼓励学生涉猎其感兴趣领域的同时，还应该在学生阅读过程中，点拨学生的阅读技巧，让学生可以高效地阅读书籍，并能在其中学习到知识，同时可以感受阅读自身具备的独特魅力。

总的来讲，小学时期正是儿童形成世界观与价值观的关键时期，如何培养学生良好的阅读兴趣，形成良好的阅读习惯是这一阶段的阅读教学的主要任务。教师和家长要关注学生的阅读心理，帮助学生建立良好的阅读观念与思想观念，让孩子在最适宜的年龄拥抱最合适的经典。

第二章

开放性阅读课题的提出和研究形成

小学语文开放性阅读教学是一种新的教育理念，也是一种新的阅读教学形式。我们发现，面对经济全球化和知识经济时代的挑战，国内外都在呼唤“让学生学会学习”。而在教育部从幼升小到高考的全面改革，在全国小学语文部编版教学的全面铺开的当今时代，当前语文阅读教学的这种封闭状态再也不能继续下去，开放性的学习，必然要进入我们的视野，运用到语文阅读教学中。

自2018年6月“基于儿童视角下的小学语文开放性阅读环境创设的研究”开题论证会（图2－1）以来，我们立足儿童立场，潜心研究，在创设开放阅读环境，形成海量阅读的同时，也更加注重广度阅读、深度阅读，让阅读的多个维度在每个学子心头落地、生根、开花，并取得了一定的成效。下面笔者就结合自己的实践研究，谈谈对课题实施的整体思考。

图 2－1　“基于儿童视角下的小学语文开放性阅读环境创设的研究”开题论证会

第一节　开放性阅读课题的提出

一、对“开放性阅读教学环境创设”的界定

开放性是现代教育提出的教育理念，其中小学语文教育也引入了开放性教育理念。开放性教育与传统教育不同，传统语文教学并不注重学生在课堂中的主体性是否得到发挥，但开放性教育解决了传统教育因错误观念，以书本中心、课堂中心、教师中心等教学思想带来的教育培养问题。小学语文开放性教育是指小学语文阅读教学在大课程观以及大语文教学观视角下，突破传统教学方式的限制，将学生放置于课堂的主体地位，激发学生学习的主体性，从而可以让学生在自

由、动态、多元的环境中学习教师所讲的知识。 学生吸收知识的方式也不再是单纯的“教师讲”和“学生听”，教师要提升课上师生互动比重，让学生可以主动参与课上活动。

另外，教师还应该掌握现代教育理念——教育开放性原则，并在现代教育理念下重新思考教育工作，让学生可以从生活视角思考课上教师讲解的教材知识，引导学生从自己熟悉的视角出发，建立可供学生联系课上知识与实际生活的桥梁，培养学生形成学习语文阅读的自信，让学生乐于参与课上教师组织的教学活动，借以培养学生形成自主学习能力。 语文开放性具有众多属性，社会性、现代性、主动性以及全程性均是语文开放性教育的突出特点。 在开放性阅读教学环境创设中，我们主要研究两方面的内容：一方面是阅读环境的创建，传统语文教学并没有将知识内容与实际生活相连接，或是连接程度不足，将知识局限在狭小的空间中，这对学生分析课文会造成极大的阻碍。 而语文开放性教育突破狭义的教育观念，打破教学体系，对课程内外资源的整合，以学生阅读能力的培养为主线，更新教育观念，重组教学内容，创新教学方法，遵循教育开放性理念推进阅读教学工作。 另一方面为小环境的创设，就是儿童阅读时的小环境的开放。

二、对“儿童视角”的界定

阅读开放性研究需要从多方面入手解决各种教育问题，因此，分析不同教育对象的心理，从每个学生的视角考虑教学工作也就变得尤为关键。 鲁迅先生曾经对教育工作也有类似的阐述。 在《我们现在怎样做父亲》这篇文章中，鲁迅先生提出“儿童本位”的概念，教育工作培养对象为孩子，所以教育方案以及所选方法的设计也需要考虑到学生的想法。 教师需要换位思考，掌握儿童的需求，并从儿童视角评价教学方案，从儿童视角出发得到的相关数据，可以作为教师的教学立场。

儿童视角，即回归儿童本位，强调教育必须以儿童的天性和需求出发，以“儿童的大脑”思考问题，用“儿童的视角”观察世界，用“儿童的情感”体验人生，掌握儿童的生活经验，将其作为开展教育工作的数据支撑。教师需要设身处地地从儿童层面考虑教学方案是否合理，教学模式是否可以发挥预期设想的教育效果；在设计教学方案以及教学方式环节中，需要根据掌握的情况，在教学方案中加入儿童感兴趣的元素，借以提升儿童对课上内容的关注；还需要考虑儿童当下的学习能力，调整教学难度，在讲重点知识前应该进行铺垫，采用层层递进的方式，传授学生教材中的知识，挖掘教材中的教育元素；同时使用多媒体创建教学环境，满足学生成长期间对文化以及精神的迫切需求，培养学生的自主学习意识。

第二节　开放性阅读课题的研究

面对经济全球化和知识经济时代的挑战，在全球都在呼唤“让学生学会学习”，在教育部从幼升小到高考的全面改革，在全国小学语文部编版教学的全面铺开的背景下，语文教育必须改变传统的教育模式，在开放性教育理念下创新语文阅读教学方式。而小学语文教学面对的群体是启蒙时期的儿童，所教授的内容主要以学前幼儿语文教育为主，教学方式的设计应该从学生角度出发，但是当下的教学方法过于注重教学方法本身，忽略了学生在其中的主体性，致使教学效果大打折扣。因此，基于儿童视角的新课程改革理念下，教师改变传统的阅读教学模式势在必行。现代教育关注学生在课堂中的主体地位是否得以体现，教师需要遵循现代教育理念，改变传统教育方法，激发学生学习的主体意识，所以我们提出教育开放性，并在儿童视角下分析语文阅读，让教师结合掌握的情况，合理地创设教育方法，同时很多国家对阅读的重视及研究经验值得我们学习借鉴，因此，更加强了我们对这项课题研究的信心。

一、研究现状

(一) 国际研究领域现状

当今国际十分注重书籍和阅读，许多国家把积极提倡阅读风气，提升阅读能力列为教育改革的重点。美国政府大力提倡“国家工程”助阅读，从“美国阅读挑战运动”到“阅读优生方案”，再到“阅读，阅读，再阅读”计划，无不强调要为儿童铺设一条经由阅读而成功学习的道路；英国教育部也发出号召，要把阅读进行到底，打造一个举国皆是读书人的国度；日本政府颁布儿童阅读活动，颁布儿童阅读推进法，重视语文教育的“读书指导”；新西兰教育学家候德威等早在 20 世纪 60 年代就对阅读过程进行了系统分析，提出“分享阅读”的理念。

(二) 国内研究领域现状

在国内，为了改变阅读教学中存在的种种弊端，针对封闭性阅读教学中“课堂中心、书本中心、教师中心”的缺点，人们从阅读的各个角度进行了广泛的研究。《义务教育语文课程标准（2011 年版）》（以下简称《标准》）中关于阅读的目标要求最为丰富，各阶段达 10 项之多，尤其是伴随着教育部从幼升小到高考的全面改革，对阅读教学提出了前所未有的要求。 开放性阅读课堂教学环境创设必将成为课改后的教学主旋律。

基于以上认识，我们确定了课题的研究目标和内容。

二、研究的目标和内容

(一)研究的目标

第一，本课题力求通过基于儿童视角的阅读教学环境创设的实践研究，促进教师更好地把握语文教育特点，并在此基础上掌握学生学习诉求，分析学生当下的学习能力，并从儿童视角下，建立多边多项的开放性阅读教学模式，采用开放性教学模式，为学生创造自由、开放的学习环境，对学生学习课上知识意义极大。

第二，积极吸收国内外小学阅读教学的研究成果，更新对阅读教学认识的理论与理念，力求站在儿童的立场上考虑问题。 教师需要与学生多沟通，掌握学生的真实想法，还需要了解学生的喜好以及其当下的学习能力。 教师也需要根据其掌握的情况，灵活地选择教学方法，开展阅读教学，消除学生对阅读教学的抵触情绪，通过人性化教学手段，采用由浅入深的方式带领学生学习教材内容，同时需要根据教改文件对学生阅读能力培养提出的要求，灵活地转变教育培养方式，让学生形成良好的阅读习惯，并能通过长期阅读形成较强的阅读能力。

第三，阅读教学需要考虑学生的阅读能力，并在此基础上预估学生的平均能力，根据计算得出结果，结合教育部对人才培养提出的要求，权衡各方面要素，正确把握阅读教学的目标定位。还应该按照现代阅读教育路径，突破传统语文教学存在的限制，灵活采用多种教学方法，让学生可以自主分析、思考课上知识。教师在此过程中需要充当学生学习的领路人，使学生可以发现文章想要阐述的观点。学生在感性分析文章后，必须找出文章的行文框架，教师要引导学生自行感受作者投入文中的情感。现代教育方法的采用，不仅可以解决以往阅读教育存在的弊病，还可以凭借语文教学开放性，培养学生形成良好的语文素养。

(二)研究的内容

第一，以课内阅读教研教改为阵地，构建基于儿童视角下的对话式的小学语文阅读课堂教学。

第二，以课外阅读指导课为平台，激发学生的阅读兴趣，培养其独立阅读的能力。

第三，以个性化的语文活动与语文社团活动为驿站，丰满阅读羽翼，提升学生语文素养。

第三节　儿童视角下开放性阅读课程体系建构

知人者方能体慰他人，自知者犹可坚守自己。在课题实施研究过程中，我们立足儿童立场，以课堂教学为突破口，摒弃以往单一的教学模式，变“封闭”为“开放”，充分开发各种阅读资源包，利用课程资源，从“主题”阅读的触发点、共同点出发，打造大容量、多角度、同主题的“1 + X 主题阅读”的课堂教学模式，构建立体的、开放的、基于儿童视角的“课外阅读课内化，主题阅读课程化”的大语文教学之路，从而实现课内外阅读教育的衔接和整合，真正地把“多读书，读好书，读整本书”的理念落到实处。

一、基于儿童视角 1 + X 主题阅读课程的提出

问题即主题，主题即语文要素。在实践研究过程中，我们逐步摸索形成了基于儿童视角下的 1 + X 主题阅读课程，其中“1”为课内文本，“X”为课内外同主题拓展文本。1 + X 主题阅读实质上是指沿着一个主题，由一文到群文，由群文到整本书阅读，以课型为载体，整合课内外资源，实施课堂教学的变革和创新，从而使学生阅读的量成倍增加，让每个孩子都能成为优秀的小读者，成为终身的阅读者。

二、基于儿童视角 1 + X 主题阅读课程的构建

在课程的设置上，1 + X 主题阅读课程要注重“七步走”，即识字是前提，绘本是起步，单篇是基础，类篇是关键，跨学科是转折，整本书是跨越，多媒介是挑战的阅读课程阶梯。具体以“自主阅读课型”“单元导读课型”“以文带文课型”“整体识字课型”“读写联动课型”“基础训练课型”“分享展示课型”实现阅读教学的高效开展。

(一)基于儿童视角下的 1 + X 主题绘本阅读

绘本是阅读的起点，要发展学生的阅读能力，单靠课中 20 多篇的文章简直是

杯水车薪。基于此，我们针对低段儿童对枯燥阅读文字缺乏兴趣，对阅读中的抽象情感还不能理解掌握的现象，从儿童视角出发，依据低段孩子的心理特征，在低段阅读教学中，大力推广“1 + X”主题绘本阅读，从课内走向课外，从一篇走向多篇的主题绘本阅读。例如，推荐学生阅读《猜猜我有多爱你》这本书时，教师可以采用情景模拟的方式将绘本中的内容表现出来，从而引发学生的阅读兴趣，使其产生情感共鸣。与此同时，教师围绕“爱”的主题阅读，推荐《我永远爱你》《愿望树》等，让学生在课下开展群文阅读，从而提高学生的阅读量。

(二)基于儿童视角下的1 + X 主题类篇阅读

新课程改革下，统编版教材的单元结构更加灵活，采用内容主题和语文要素双线组合，多以“阅读策略”为主线组织单元内容，且单元主题特别明晰。基于小学中高年级的学生大多具有一定的阅读能力，在中高年级教学中，我们围绕单元主题，根据每个价段不同的阅读策略，践行基于儿童视角下的1 + X 主题类篇阅读，增加学生阅读量，提升学生语文核心素养，具体措施如下。

1. 同一主题的文章“1 + X”开放性阅读

在精读一篇课文后，可阅读同一主题不同作家的作品，即不同文体的语言风格，还可以通过对比加深对文章内容的认识。例如，执教统编版教材五年级下册《梅花魂》时，这里的“1”就是《梅花魂》，单元主题是“故乡之物最美好”，梅花体现了作者对故乡、对爷爷的怀念。那么我们组合的“X”可以是季羡林的《月是故乡明》、丰子恺的《藕与莼菜》以及萧红的《呼兰河传》等。同时我们细细品读文本文体的语言特点，篇章结构，就会发现《梅花魂》还有首尾呼应，文章开头作者由梅花想到异国他乡的外祖父，最后又照应了梅花，这是首尾呼应。《月是故乡明》《藕与莼菜》也有首尾呼应，这种同一主题的开放性阅读，使阅读有法可学，读有所得。

2. 同一题材的文章“1 + X”开放性阅读

日出、还乡、送别等题材，自古以来有许多作家写过，由于不同的作家时代不同、境遇不同，写作的文体不同，其作品反映的主题和感情也大不相同。

3. 同一作者的文章“1 + X”开放性阅读

当学生在课本上精读过某一作家的一篇课文后，教师就可以引导他们阅读课本外该作家的其他作品，从而体味该作家的语言风格和思想感情。 如学习统编版六年级上册鲁迅的《少年闰土》，让学生用直线画出感受最深的语句，在书旁空白处写自己的体会，随时记下思维灵感的火花。 教师根据教育要求以及学生实际的阅读能力，进行组织工作。 了解学生当下对事物的喜好，合理引入学生喜爱的元素，提升组织内容的趣味性，让学生乐于参与教师举办的课上活动，加强师生间的交流，确保教学工作能够顺利推进。 同时为学生创造可供其充足思考的空间，为学生预留足够的时间思考阅读内容，让学生可以顺着教师指引的方向分析阅读内容，通过科学的管控加强师生间的联系，及时掌握学生阅读能力的发展状况，并根据学生不同阶段的能力水平，合理推进教育工作。 例如，教师可以引导学生在课外阅读鲁迅的《三味书屋》《捉虾》等作品，体味书中的语言风格和思想感情，进而激发学生的开放性思维。

4. 同一对象的文章“1 + X”开放性阅读

同一写作对象，不同的作者写作的文体、背景、情感都不一样，可以对比着阅读。 如学习毛泽东的《卜算子 · 咏梅》时，教师可以要求学生阅读陆游的同题词，启发学生深入思考。

5. 同一策略文章的“1 + X”开放性阅读

部编版教材在主题单元的编排上相对更开阔、自由，选文更具文学性，更注重阅读体验和阅读方式。 因此，教师在教给儿童阅读的同时，还要教会他们使用阅读策略，如预测、联结、提问、图像化、推论等策略，从而提高其阅读理解能力。因此，“聚焦阅读策略的1+X主题阅读”应运而生。我们在执教《总也倒不了的老屋》时，教给学生预测的方法，明白预测要有依据，要根据题目、插图、故事内容里的一些线索，结合经验和常识预测故事还会如何发展，预测故事合理的结局。在学生习得阅读方法时，再运用预测方法进行拓展阅读《三头公牛与狮子》《三个和尚》《团结的鸽群》，让学生在边读边预测中，能顺着故事情节去猜想，既激发学生的阅读兴趣，也在习得阅读方法的同时提高阅读量。

（三）基于儿童视角下的“1+X”跨学科阅读

1. 经典推广，阅读积淀

阅读文本资源丰富多样，在不同年级、不同学科中采用相似文本，可以带给学生更多的阅读选项，为学生语文核心素养的培养提供更丰富的成长机会。例如，我们可以通过《论语诵读》《诗词日读》《国学选读》这些经典阅读，有意识地培养书香少年。

2. 立足地方，开发地域文化阅读资源包

在研究过程中，对于地域阅读资源，我们从儿童视角出发，立足地方特色与学生阅读兴趣，以开放性、综合性为原则，通过资料查询、实地调研等方式尝试进行了开发，满足学生阅读量。例如，在利用《平潭民间传说》阅读资源的过程中，我们将阅读赏析故事内容、理解故事内涵情感、了解人事地方风貌、学习故事创编写法作为资源开发的目标，指导学生通过阅读平潭地区的民间故事来把握风土人情，提升家乡认同，激发自身热爱家乡的真挚情感。并将其主要篇目内容，结合儿童视角和年龄特征进行了筛选和整合，再通过学生阅读和综合实践活动相结合的模式，让学生在阅读中探究地方的历史，在资源开发利用的过程中实

现语文的学习和品德修养的共同进步，从而实现 1 + X 的跨学科主题阅读的融合。（如表 2 – 1）

表 2 – 1　高年级《平潭民间故事》阅读资源表

年级	分类	篇目
五年级上学期	鬼神传说类	《雷神公与电神母》《女神降飞虎》《君山王斗法》《麒麟的传说》《虎妈妈》……
五年级下学期	人物传说类	《女娲补天造海岛》《乾隆钦点滚牌兵》《铁拐李智斗恶龙》《宋同知奇案》……
六年级上学期	地方风物传说类	《石牌洋》《观音澳》《仙人井》《一片瓦》《敧头妈祖》《后九节》《水仙的传说》《番薯酒》《神主牌的由来》……
六年级下学期	史事传说类	《夫人寨与芙蓉寨》《血战鹭岛》《魂断桃花寨》《空城计》《吓退倭寇》……

（四）基于儿童视角下的 1 + X 的整本书阅读

在新高考改革中，“整本书阅读”自成单元，这是对当下“碎片化阅读”的一种抵御。 那么如何在小学阶段创设开放性阅读环境，引导学生进行整本书阅读，也是我们课题组所有成员孜孜努力的方向。 在实践摸索过程中，我们从儿童的角度出发，每学期推荐不同年级的阅读篇目，形成了基于儿童视角下的 1 + X 的整本书阅读体系。 同时在课内延伸课外的整本书阅读设计上，主要以学习单引路，通过导读课、推进课、交流展示课形成一个整体，形成 1 + X 的整本书阅读。 这里的“1”指的是一篇文章，“X”是一本完整的书，并鼓励学生阅读原著。 例如，在执教统编版教材一年级下册“和大人一起读”的《孙悟空打妖怪》，我们可推荐学生拼音版《西游记》；执教《冬阳·童年·骆驼队》，我们会推荐林海音作品《城南旧事》，实现课内走向课外的整本书阅读。再如，小学中高年级的整本书阅读中，教师可以通过导读课，选择若干个片段，关注所选的片段之间有关联的某个主题，呈现不同的片段，渗透阅读方法，引导学生关注细节，紧扣主题，组织学生开展“读书交流会”进行讨论。

第四节　开放性阅读研究的主要成果

一、主要观点与实践模式

（一）主要观点

开放性阅读研究的主旨是小学开放性阅读模式的实践与创新，即围绕基于儿童视角下的阅读空间、方式、内容、习惯、评价及宣传上的开放，构建“六化”的开放性阅读模式，旨在为学生的自主阅读打开新的渠道，为学生创造出一个新的广阔的阅读环境。

（二）实践模式：阅读的“六化”模式

1. 自由的阅读——阅读空间覆盖化

通过5年的实践，我们的阅读空间初步实行全方位覆盖，每个学生书包里都有一本课外书，班班都有图书角、阅读基地，城市书房，职工书房，每个家庭建立微型图书角……让学生目之所及都是书，随时随地都能阅读，浸润在书的海洋里。

2. 有序的阅读——阅读时间常态化

小学阶段，知识的宽度比深度更重要，广泛的阅读和兴趣比成绩更重要，无论如何我们都要把阅读放在每天的日程里，确保阅读时间的常态化。 一是每日三读，即晨诵、午读、睡前读，每周三下午二、三两节的阅读指导课；二是每天阅读时间半小时以上，周末、节假日 1 小时以上的阅读较为合适；三是每天阅读时间安排要相对固定，比如每天晚上 8：30—9：00 是阅读时间，每天的阅读时间一旦固定下来，坚持一段时间就会形成习惯。 当然这不是死板规定，具体根据孩子的兴趣和注意力而调整。

3. 丰盈的阅读——阅读内容多样化

阅读内容的多样化改变传统阅读教学的程式化模式，以课堂教学为突破口，打破固定的格局，采用一种开放的态度。 把教科书这本“小书”与生活这本“大书”融为一体，既引导学生利用教科书学习语文，又拓展语文学习的空间，充分开发各种阅读资源包，利用课程资源，打造大容量、多角度、同主题的“1 + X 主题阅读”的课堂教学模式，构建立体的、开放的、基于儿童视角的“课外阅读课内化，主题阅读课程化”的大语文教学之路。 这里“1”为课内文本， “X”为课内外同主题拓展文本，沿着一个主题，由一文到群文，由群文到整本书阅读，以课型为载体，整合课内外资源，在生活中学习语文，让学生在丰富多彩的阅读中获得独特的体验，真正提升学生的素质与能力。

4. 动态的阅读——阅读活动学程化

无论在课内阅读还是课外阅读中，教师都要从儿童的视角出发，赋予学生权利，让其更充分地参与学习过程，更好地激发阅读兴趣，培养学生大阅读的习惯。 我们将阅读活动融入学科课程，学生、教师、家长必须转变认识，引起足够的重视。

5. 多元的阅读——阅读文化磁场化

（1）阅读环境的磁场效应

本研究中，我们着力打造专业阅读共同体，要求教师做阅读的领跑者，只有教师善于阅读才能推动学生阅读；学校要求每位家长每天抽一些时间陪孩子进行亲子共读，只有家长爱上阅读，才有可能推动孩子的阅读。 通过父母与孩子，教师与学生、教师与教师之间的阅读推动，形成了磁场效应，相互作用、相互影响、共同成长，真正实现成为一个有着共同生命谱系的阅读共同体。

（2）多渠道推广辐射

利用课题研究来辐射引领，2018 年 8 月我们申报省级课题“基于儿童视角下小学语文开放性阅读环境创设的研究”，这个课题带动了整个教研片的课题研究，目前围绕阅读的子课题研究正在全面开花；创建“家长读书沙龙”，面向社会，每周二、四开展读书活动；与社区共建城市书房和职工书屋，引领并改变着众多家长和社会人士，掀起了家校社的读书文化运动。

6. 有效的阅读——阅读评价数字化

我们在线下的传统阅读评价的基础上，借助月芽阅读、梯航网测试平台，开展整本书阅读活动。 每位孩子都能借助月芽阅读平台和梯航网提供的书目进行阅读、测评，教师针对孩子的阅读量和阅读质量的数据分析，把握班级每个孩子的阅读情况，可以有的放矢地对每位孩子进行针对性指导。 学校与图书馆合作利用大数据分析制定了城中小学阅读评价系统，从班级、年段到学校，再从学生、教师到家庭逐级分层评价分析，用数据说话，使阅读实效更具透明和直观性，增强阅读的可操作性。 这样线上线下双轨制的阅读测评，打破了时空的限制，使阅读评价更科学、更有实效性。

二、效果与反思

(一)效果

1. 学生阅读习惯与能力得到提升

学生通过大量的阅读，阅读速度得到了提升，阅读能力也得以提高，跳读法、扫读法、一目十行法等快速阅读法的训练使得学生受益良多，大大提高了学生的阅读效率。 学生的人均阅读量是原来的 3 至 5 倍；全方位的共读让学生逐渐养成阅读习惯，在不断的阅读中，“全民阅读”与“终生阅读”，在学生的心中慢慢开花结果。

这几年学生通过阅读习得的各种能力、素养也得以显现。 例如，2018 年 11 月，我校学生参加区文明办组织经典诵读大赛《爱莲说》获区一等奖；第二十二届“海峡冰心杯”全国青少年写作大赛中，共 32 名学生获省级奖项；参加省级《读写》期刊各项征文活动，共有 30 人次获得省级奖项；参加《读写》杂志、海峡语文网组织的《开学第一课》观后感征文评选中，共有 24 人获奖，学校荣获优秀组织奖；学生的 300 多篇优秀习作在公众号“城中大学堂”上发表，这样就形成了“以读促写、以写促读”的良性循环。 组织学生参加“黄慎杯”全国中小学经典诗文读写大赛 12 位学生获奖；参加省级“我为祖国点赞——中小学生演讲朗诵比赛”，4 位学生获一、二等奖。

2. 阅读助推教师实现专业成长

近几年，开放性阅读模式的实践研究，促进了我校教师素质的全面提高。他们不但观念上得以更新，从少变通、墨守成规走向开放、多元包容，也进一步增强了教师的科研意识。例如，在区级阅读能力检测题评选活动、小学教师“网络空间”创建比赛、片区素养大赛等各级各类比赛中，大量参赛教师都载誉而归，获奖频频。另外，学校教师们也撰写了不少论文，在各级各类的评选活动中，撰写阅读类的论文就有四十几篇，各级各类有关阅读的课题研究有十几个，其中笔者就撰写了六篇高质量的论文，举办十几场省级讲座，发表在《中国教育报》等核心刊物，给教师们树起了示范作用。

3. 打造过硬的阅读品牌

阅读成为我校一张亮丽的“名片”，我们盘活校内外的人力资源与环境资源，与社区共建“中国好老师”的基地校，进而带动周边的学校。这一行动不仅把阅读的理念辐射到城中小学教研片，拉动教研片各校齐发展，还实现了跨区域的推广。同时，阅读也带动学校文化的发展，获得了不少奖项，如 2018 年 2 月获得“全国中小学中华优秀文化艺术传承学校”，2018 年 9 月获得“福建省中小学中华优秀传统文化传承示范校”和“福建省文明校园”；每个学生书包里装一本好书，家里晚餐后共读一本书，暑期进社区图书室当阅读推广员等已经蔚然成风。城中小学也成了实验区最吸引家长的教育场所，招生指标不断突破，成为实验区的阅读名片。

（二）反思与展望

虽然这项研究已经进行了多年，也取得了一定的效果，但真正要做到“让阅读像呼吸一样自然”，我们还要在阅读的学程化中将阅读融入教学，创设具有生命与活力的课堂上还得继续研究，开发出更多适合学生的课程；推广和辐射的广度和深度也有待于加强，还需要更多的教师、家长以至全社会观念的开放，全方位的支持和参与，让更多的空间和资源全面开放。

在生活方式、娱乐方式多元化的今天，人们有更多的选择来打发空闲时间，我们打造阅读像呼吸一样自然的开放性阅读环境，是想让更多的孩子和家长以及全社会意识到阅读的重要性，让阅读成为一种自觉，希望在我们这些阅读点灯人的研究、实践、推广、辐射下，未来所有人都成为自己的阅读点灯人，真正做到让阅读像呼吸一样自然。

第三章

学科教学中开放性阅读

在简要地介绍了开放性阅读课题的研究成果之后，我们将进一步探究学科教学中的开放性阅读。 由于开放性阅读教学带有一定的自由性与不确定性，所以我们先要明确开放性阅读课堂教学的主体与主导；而后，我们将详细介绍开放性阅读教学中的读式与读法、开放性阅读教学下的备课模式以及开放性阅读教学下的教学设计方法。

第一节　课堂教学的主体与主导

一、学生的主体性

阅读教学进行前，必须弄清课堂教学主体性的问题，这是阅读课程进行前非常重要的内容，从自为性、自主性、自动性等角度分析学生在阅读课堂中需要学习的主要内容，学生需要具备自主学习意识，主动学习课堂知识，这是顺利推进教学工作的有效法宝。 学生主动参与课上活动，并与教师进行互动，从而才能掌握阅读课程的核心内容，这也是教师可以按照教学计划，顺利推进素质教育的有效手段，大幅度提升课堂教育水平。 鉴于自主性对教学工作的开展，以及学生能力提升起到的重要作用，所以研究阅读主体性的行径便显而易见，这是语文教师必须跟进的工作。

其一，从社会发展角度看待分析阅读在其中起到的作用，以往我国在发展期间，从客体角度出发，分析社会发展与物质丰富、社会生产进步之间的关系。 但是从现代角度分析社会发展，发现现代思想与传统分析思维大相径庭，现代提倡将人作为中心，随着社会经济的发展，我国在21 世纪经济与科技均得到极大的发展，当下我国已经正式进入知识经济时代，人的价值逐渐提升，并在经济发展与社会进步的过程中，人的价值日益凸显，社会在当下需要保证人的发展不受阻碍，教育界也随着时代的转变发生变化，在社会各界认识到人的重要性的同时，其也成为世界教育改革的方向。

其二，关注课堂教学的主体性，是教育人员适应时代转变的必然要求，也是推进语言素质教育的必然方向。 以往我国推行应试教育，但是进入 21 世纪后，我国教育部门已经意识到传统教育存在的弊端，并大力推进教育改革，将传统应试教育变成素质教育。 素质教育的提出以及推行，是我国教育领域的重大发展，同时也是一场深刻的变革。 在新时期教师必须了解新课标对教学工作提出的最新要求，意识到阅读对学生成长起到的作用。 从学生素质培养方面入手，思考遵循国家教育改革要求，推进素质教育，借以提高全民族素质，这是教育部对学校提出的要求，不仅是教育行业发展必须进行的转变，也是推动我国社会发展的有效方式。 在新形势下人才已经成为决定国家未来发展走向的关键要素，提升国民人均素质意义重大，这也是实现现代化发展的基石。

推进素质教育是我国实现现代化的重要内容，在国家推进素质教育的同时，需要考虑素质结构，掌握素质主要内容。 当下对素质结构以及内容的说法各执一词，但是从多方提出的定义中可以发现，教育的主体性均包含其中，并且处于其中的重要位置，素质教育并不是只由教师努力便可以达成教育任务，还需要学生参与其中，才能完成教学任务。 语文教育是学生综合素养培养的要点，作为语文学科中的重要组成部分——阅读，应该引起相关教育人员的注意，为全面推进素质教育，需要发现阅读教育主体性与素质教育推进间的关系，并在此基础上努力推进主体教育，完成新课标提出的教育任务。

阅读教学是语文教学中的重要内容，教师在阅读教学中应该思考阅读教学的方式，同时还应该探究阅读主体教育的方式，确保阅读主体教育可以发挥其职能作用，并在相应教育方法的加持下落实到位，取得良好的教学效果。 教师进行教学设计时，必须有明确的理念，即明确学生的主体性。 学生的主体性有三项基本特征——独立性、能动性和创造性。

(一)独立性——让学生真正成为阅读活动的主人

学生主体性中独立性是其中非常鲜明的特征，学生需要在学习过程中了解自我实现、自我认识，并需要建立和谐的教学环境，教师需要在学生实现自我的同时，采用科学的教学方法进行教育宣导，同时还应该以友善平等的态度面对学生、尊重学生、了解学生，并引导学生学习语文，从而才可以在提升学生学习能力的同时，消除师生间存在的隔阂，进一步推动教师开展语文教学活动。教师需要了解写作与阅读进行期间存在的问题，根据学校日常课上学生回答以及课下作业完成情况，判断学生的学习能力，这样才可以掌握学生精准的数据，合理设计写作教学与阅读教学方案，明确教学标准，了解教学工作的重难点，发现学生个体存在的差异，还应该选择大众皆可以接受的方式推进阅读教学工作。在教学期间，教师应该从教学层面出发进行双向设计，做好课程备课工作，还应该掌握足量的信息，在此基础上整合教学资源，设计课堂活动。在教学期间，教师还应该关注新课标改革发展形势，及时调整教学节奏，确保教学工作符合教育部教学要求，将学生培养成满足社会发展、企业预期的现代型人才。因此，教师承担的任务也逐渐加重，在教学过程中教师应该着重培养学生独立性，这是主体现状非常重要的一环，教师需要引导学生形成独立学习的意识。为了提升教育效果，教师最好为学生创立独自学习的情境，并为学生设计教学问题，引导学生逐步思考知识的内容。比如教师在讲《诚实的孩子》这一课时便需要完成学具、教法、学法等准备工作，同时还需要确保课上组建的教学活动可以满足学生学习需要，在学习过程中不断调整教学节奏，引导学生认真听讲。在讲《诚实的孩子》这节课中，教师在课前把握全篇内容，并挑出重难点，以第4段为例进行细致剖析课文内容，同时整合网络资源，使用可以辅助教学的图片，设计电子教学课件，使用大屏幕为学生播放课件，同时使用声音等资源，构建与阅读内容相关的教学情境，引导学生分析“列宁妈妈叫列宁写信认错，但是列宁究竟有没有听从母亲的建议”。通过问题引导学生分析，让学生读完第 4 段后，在第 5 段中寻找答案，并了解列宁做法的原因，为学生设立问题情境引导学生阅读，对学生理解课文内容有非常大的帮助。从后段的内容中不难发现列宁已经向姑妈写信，并承认自己的过错，教师要求学生寻找可以作证这一事例的元素，让学生从课文内容的字里行间进行揣摩，同时将信的内容写出来为学生创设独立阅读情境，并让学生有机会在课程学完后，填补列宁发给姑妈信件的内容，激发学生学习的自主意识。以往在学生学习过程中由于教师常采用灌输式教学模式，压抑学生自主学习，导致学生学习能力大幅度下降，对于学习语文知识的技巧也大幅削减。但是采用问题创设的方式，可以让学生独自分析课文，并在教师指导下，探究课文内容。以《诚实的孩子》为例，教师设计教学情境，让学生分析列宁是否写信，并根据后段内容从姑妈的语言中了解列宁已经写信，要求学生思考列宁写信的内容，同时教师还应该要求学生必须结合课文第 2、3、4 段内容，进行合理的猜测，并以课后作业的形式布置给学生，在第二天课上提问学生，让其说出自己的想法。通过合理的引导，让学生在课上通过思考练习，不断训练学生的思维，从而形成独立学习的意识以及能力，兼具独自分析课文内容的能力。

(二)能动性——激发学生阅读的主动性和积极性

主动性中能动性也是其非常显著的特征。学生在课上可以配合教师，双方皆能进行无障碍的沟通交流，学生还可以在课上根据老师提出的问题，主动分析课文内容，并能寻求自身发展，这是能动性最明显的体现。在阅读课程教学期间，教师需要给予学生充足的空间，让其思考课上内容，改变传统灌输式教学方法或者指令式教学运作方式，应该让学生有独自思考的空间，调动学生自主学习能动性，这是培养学生主动学习的有效路径。教师需要关注学生自身感受，让学生积极参与课程活动，同时还应了解学生自主学习的培养路径。根据学生对知识的认知规律，灵活地选择教学方式。在选择教学方法期间，教师还需要意识到自主能动性意识培养的要点，需要唤醒学生自主学习意识。教师还应该在讲课期间，引导学生，让学生自行选择讲课方式，一般教师会采用朗读、复述、分析的方式进行，采用朗读、复述、分析的流程可以由浅入深地带领学生掌握阅读内容，同时教师应该在教学期间有所侧重，让学生可以了解阅读的核心要义，带领学生分析课文。并且需要掌握学生对哪些内容感兴趣或是对哪段内容存在疑问，采用课上提问的方式，推进教学工作，让学生在课上提出自己的疑惑或见解、主动参与课堂活动，对激发学生自主学习意识有非常大的帮助。另外，教师还应该引导学生发现课文内容的精彩之处，给予学生自由选择的机会，在选择教学方法期间充分尊重学生，征得学生同意并开展教学工作。培养学生自主能动性的同时，教师还应该增加师生互动，让学生积极参与课上活动，还可以根据课文内容，要求学生与其一起表演课文内容，分角色朗读，并在朗读时采用轻读重读的方式，吸引学生关注，让学生可以发现课文重点内容，完成重点突破，这对学生能动性的培养有非常关键的作用。教师还应该发现学生的兴奋点，并随着教学工作的推进，不断调整教学节奏，让学生在环环相扣的教育模式下，形成良好的学习能力，让学生对阅读充满自信，使学生在整堂课中均可以保持高昂、亢进的状态。

（三）创造性——培养学生敢于超越教学现实的精神

进行阅读主体性教学期间，培养学生的创造性属于高层次能动性的显著表现，创造是当前教育对学生能力培养的要求，创造性是学生在掌握原有知识的基础上，对知识进行再加工，突破原有知识框架，同时创造性也被认为新时期的通行证，是社会发展对人才的重要要求，当代人才缺乏创新精神，将会使得知识经济发展受到阻碍。因此，从社会发展层面出发，需要不断提升教学的合理性，并重视学生创造性能力的培养，考虑到未来社会生存竞争将会日益加剧的实际情况，教师需要合理创设教学方法，并通过教学工作的进行培养学生形成主体性精神。在当下大部分人对主体性教育存在疑惑，在社会竞争日益加剧的今天，人才是否可以承受社会竞争压力，体现主体性精神，这是一个值得思考的问题。

教师为了完成教育部对教职工作提出的要求，培养学生的主体性精神，需要根据人才培养目标，合理创设人才培养方案，同时在教学期间不断调整教育方式，让学生意识到教育方式对其起到的作用。科学的教学方法可以帮助学生快速掌握知识的中心，提升学生学习阅读的效率。比如教师在讲《凡卡》这节课时，可以针对凡卡写信这个章节内容提出问题，并使用小组探究的方式，让学生进行分组讨论："凡卡的爷爷是否收到凡卡写的信，并去接凡卡？"问题的讨论主要分为两个方向——会接与不会接，教师需要引导学生分析课文内容，并根据收集的信息作为判断凡卡爷爷行为的依据。在教学过程中，教师需要组织课堂辩论会，同时应该让学生按照不同意见分组讨论，采用辩论会等新颖的活动方式吸引学生的眼球，让学生在学习期间不会感觉到枯燥无聊。同时教师还应该引导不同意见的学生，细致分析课文内容，并对凡卡爷爷接凡卡或是不接凡卡给出支撑行为的理由。在辩论会中将班级学生分为支持凡卡爷爷会来接凡卡和不会来接凡卡。但是在实际分组的时候发现，班级中还有部分学生持有不同的想法，认为不论凡卡爷爷接凡卡还是不接凡卡，凡卡的命运都已经注定，凡卡在课文中的所有甜蜜构想最终只会落空。学生之所以会如此认为与课文所述环境有直接关系，《凡卡》所述背景是在沙皇统治下的旧社会，当时社会底层人民的生活极为困苦。在教学设计期间，不仅需要关注教学内容是否完成每堂课的任务，同时还需要关注学生能力的培养，与学生能力培养相比，借助辩论会推进教学工作的效果不错，但是活动最终的效果并不是最主要的，而是学生在此过程中的表现更加值得观注。辩论会只是引导学生参与课文内容研讨的一种方式，从以往教学方式中不难看出，教师在课上询问学生并不能得到良好的效果。出现这种情况原因众多，教师需要考虑学生在此阶段的心理感受，并在此基础上灵活地选择教学方法。采用辩论会的方式，以正反方辩论活动开展对课文内容的探究，其主旨在于提升学生学习课程内容的兴趣，通过辩论加深学生对课文内容的了解，并不是刻意追求辩论的结果。通过双方激烈辩论，可以让学生从正反两个角度分析整篇课文的内容，还可以在极大程度上激发学生分析问题的兴致，让学生积极参与到阅读课程活动中，从而既可以加深学生对知识内容的理解，还可以培养学生形成良好的学习能力，灵活地开展阅读活动对学生逻辑思维以及语言交流等能力均有不可小觑的培育作用。在语文阅读教学期间，培养学生形成主体性意识是推进语文素质教育的核心，也是重要的教学目标。为了全方位发展学生的能力，教师必须发挥教育主体性，同时还应该了解学生的心理需求，从德智体美劳等方面出发进行教育培育工作。教师工作需要结合教育部给出的最新标准，改变传统关注智力的应试教育观念，意识到其已经不再符合新时代对人才能力的需要，当代人才需要具备综合素养。因此，教师应该重置教学方案，确定教学目标，让学生在掌握知识的同时，培养其形成良好的人文素养，培养学生的综合能力是现代教育的主攻方向。

二、教师的主导性

在教学过程中，需要从主体性教育的核心分析教师在课堂中主体性发挥情况，教师需要根据教育目标结合学生当下的学习能力，合理地设计教学方案，同时应该根据学生现下对事物的关注，在教学期间将学生喜爱的事物纳入教学方案中，借此吸引学生的眼球，同时通过活动召集、组织学生自主学习等方式进行阅读教育工作，教师需要从旁协助，采用以学生为主、教师为辅的教育模式，还需要在互动进行过程中，加强师生间的互动，保证教学工作可以顺利推进。

主体性中的主体指的是从事社会活动的人。 在课堂教学过程中，从事教与学活动的人是教师和学生，所以师、生都是主体。 但是，我们仅仅这样认识主体性显然是不够的。 在课堂教学中，学生、教师在课堂中都是必不可缺的成员，但是双方间的关系必须进行合理的配置，否则将会直接影响教学效果。 传统语文教学以教师为主，现代教学是以学生为主，出现这种变化是考虑到学生学情的实际需要。

现代教育与传统教学方式大相径庭，传统教学将教师放置于教学的主位，采用灌输等单一方式教学模式无法体现学生在课堂中的主体性，还容易导致教学效果差强人意，难以达到预先设定的教育目标。 教师需要及时意识到教学工作存在的不足之处，同时应该合理引导学生学习课上内容。 教师需要明确课堂教学是人类极为特殊的活动，并在此基础上了解教师在课堂中扮演的角色，分析学生所处的地位。 在教学期间教师作为教学的实施主体，需要考虑学生作为学习主体，在课程推进期间的心理感受，同时还应该在翻转课堂理念下推进主体性教学，让学生的学习主体性得以发挥。 在实际教学期间，教师与学生所担任的工作以及角色完全不同，教师作为教师的实施主体，需要引导学生学习课程；学生则是学习主体，在此过程中需要以学为目的。 如何协调两者之间的关系，一直是困扰教师的问题，在新课标下，规定教师需要引导学生形成自主学习能力，因此，教师必须关注学生在课堂上自主性的发挥。 考虑学生在当下自身承担的任务众多，教师为了平衡教学进度，不得已使用传统灌输式教学方法，但是这对学生自主学习造成极大的压制，所以教师必须创建科学的教育模式，同时还应该明确自身在教学工作中所处的地位。 教师需要居于引领者的角色以及位置，将学生作为课堂的主体，以学为主必须在语文课堂中得以体现。 同时教师还要改变传统师道尊严的错误观念，在课堂中教师一直享受发号施令的感觉，但是长此以往会对学生造成极大的影响。因此，教师需要针对传统阅读教学存在的弊病，从自身原因找起，改变传统教育模式，要将学生放置在课堂中的主体位置，并从学生自身能力角度下思考教学工作，对教学工作进行深入的分析。考虑传统阅读教学存在的弊病，需要及时寻找解决传统阅读教学不足的方法，改变了教师为课堂主体的错误观念。在完成教育观念转变的同时，还需要分析21世纪阅读课堂教学的重点。为了培养学生形成实践能力、创新能力，必须明确科学教学核心，同时还需要主动学习语文教材内容，考虑到学生对学习教材课文存在一定的抵触情绪，所以教师需要改变教学手段，在教学期间引入学生感兴趣的元素，同时还应该合理地引导教学节奏，让学生发现课文的魅力，这是顺利推进教学工作的有效手段。另外，教师还需要在教学期间，根据素质教育要求改良阅读教学形式，让学生可以自发地学习祖国语言，并在此基础上改变以教为主的错误方式，将以学为主作为课程教育推进的教育模式，激发学生自主学习意识。教师在教学过程中，还需要引导学生学习知识，发现自主学习课堂进行过程中存在的不足之处，不断完善教学方法。这无疑将十分有助于造就21世纪的创新型人才，也会大大提高阅读教学效率。

自主学习模式构建不易，教师需要了解教学期间影响教育工作推进的因素，还需要建设好师生间的关系。掌握课堂教学矛盾是解决师生错综复杂的前提要求，教师还需要深入分析解决学生课上学习积极性不足的方法：一是构建和谐的师生关系，消除课上学生畏惧教师，无法与教师进行良性互动的弊端；二是处理好学生个体自学与班组群体学习的关系；三是处理好自学的单一性特点与课堂教学要求多样性特点的关系；四是处理好学生个体学习的“独步性”与课堂教学要求“同步性”的关系。按照矛盾对立统一的规律，这些问题的对立之中又同时包含着统一的条件。因此，教师完全可以着眼于“统一”来妥善处理。教师需要针对教学过程中存在的影响学生主体性精神培育的问题，积极寻求解决方案，整合学校的教育资源，关注学生所处年龄段的心理特征，并需要不断调整教学方案。随着学生能力的提升，需要同步提升教学难度。学生自主学习意识以及能力的培养，并不是一项简单的工作。教师需要重视课前备课工作，并引入教学反馈机制，收集学生阶段学习状况，将其作为设计教育方式的支撑元素。以下将针对目前掌握的教育执行情况，提出培养学生形成自主学习能力的路径。

（一）自学与引导的统一

在教学课程中，教师需要明确阅读教学的重点，还需要积极地开展阅读活动，引导师生进行互动，发挥教师的导向作用，凸显学生学习的客观行为，构成双向互动的阅读课堂活动模式。一方面，学生学习需要在教师的引导下进行，从而可以有针对地研究课程内容，提升学生学习效率。另一方面，在教师的引导下，可以让学生了解分析文章内容的逻辑方式。教师在教学期间承担着把控教学职责的重担，因此教师需要完成调控责任以及课堂教学的二级调控工作。在教学期间教师需要完成课程导向以及课程布局架构设计等方面工作，激发学生学习主体性，完成学习导向、自我调控等工作。教师与学生还需要在活动进行期间，加强彼此间的联系，通过一段时间的活动磨合，教师与学生之间建立良好的友谊，学生在阅读课堂中也不会像之前一样拘谨，教师在此情况下需要引导学生发现阅读课文中的重点，让课堂教学获得良好的效果，加强学生学习与教师引导的结合程度，从而让语文阅读在师生相互协作下顺利推进。除此之外，教师还应该在教学期间发挥自身的职能作用，引导学生学习阅读课文内容，让学生在自学的过程中得到教师的协助，在教师指点下，使阅读课堂教学能够按照教师设定的方向进行，同时还可以提升教学效果，培养学生形成自主学习意识。

（二）个体与群体的统一

课堂学习活动是群体学习活动，因此教师在引导课堂活动推进期间，需要了解学生在课堂中的表现，发现个体与群体无法统一的现象后，应该通过引导解决个别学生不合群的问题。 小学生学习与成年人学习不同，由于小学生对知识架构分析并没有形成严谨的体系，所以在学习期间无法掌握重点，这样便会影响到学习效率，同时还难以确保其在所学的时间内可以形成良好的效果。 错误的学习方法可能会使学生在学习期间形成自卑心理，认为自己与其他学生相比更加愚钝，从而会使学生学习的积极性大受打击，长此以往学生便会出现厌学情绪，对学生长久发展非常不利。 因此教师需要针对学生当下存在的不正确的学习方式予以指点，同时还应该清楚地分辨学生自学与成人自学两者的区别。 学生自学与成人自学是两种概念，成人自学是个体内向式学习，通过制作钻研掌握知识核心内容。内向式学习是基于成年人已具备自学基础，掌握分析问题的逻辑方式，从而才可以进行自主学习活动。 但是小学生在当下并不具备自学的能力，所以仍需以群体外向式为主，需要得到外界的协助。 通过学生集体探讨或是接受教师的指点，从而才能掌握学习方式，形成分析问题的逻辑思维，逐渐形成自学能力。 教师还应该在教学期间坚持以学为主的思想创建教学方案，并开展相关的教学活动，在活动进行期间应该关注学生能力的培养，确保教学活动可以在学生自主学习的同时，不会偏离教学主线，培养学生形成良好的自主学习能力，进而提升课堂教学效率。

（三）单一与多样的统一

开展阅读课程教学期间，需要引导学生积极地参与课程活动，同时还需要了解课上知识的重点内容，这是确保教学工作能够顺利进行，同时可以培养学生形成自主学习能力的有效手段。 教师还需要带领学生学习知识内容，引导学生自主思考，让学生可以在学习期间形成自主思考问题的能力。 但是在实际教学期间，对少年儿童而言，学生注意力难以持久，因此教师需要选择生动、直观的教育资源，进行教育引导工作，选择多媒体教学是基于形象思维呈现的生理特征。不仅如此，还可以通过形象的事物展示课程内容，满足学生的心理学习需求。学生在小学阶段，对于自己喜爱事物的关注度较高，教师需要根据学生当下的心理特征，灵活地选择教学方式推进教学工作，可以采用以读写为主的方法推进阅读教学，与其他教学方法相配合，提升教学的趣味性，满足学生当下追求生动活泼的迫切需求，激发学生自主学习兴趣；同时可以培养学生形成自主学习能力，进而提升阅读教学效率。

（四）同步与差异的统一

在阅读课程教学期间，需要发挥学生学习的自主性，同时还需要引导课上教学活动向教师设想的教学方向推进。在学习过程中教师需要发挥学生学习的主体性，同时还应该赋予学生在活动中更多的自主权，使学生可以在自由的学习环境中发展其个人能力。在当下分析教育工作不难发现，如果设定太多规则会限制个人发展，如果教师在课堂中设立过多的规矩，会大幅度限定学生在课上的行为，同时还会在极大程度上抑制学生自主学习的意识，因此教师必须放权，给予学生更多自主学习的权利，同时还应该考虑学生在当下的学习状态，分析学生学习能力，合理地设定教学难度，并采用由浅入深、逐次递增的方式提升教学难度。教学难度的设定需要根据学生能力、培养效果进行创设，同时还应该考虑学生自身需求。如果按照既定的程序工作，会使学生的创造性和自主性大受打击，还会让学生在学习期间失去学习的自信心，因此教师需要从学生自主性方面考虑，务必保证学生的创造能力以及自主能动能力不会受到限制，合理设定教学方案，同时还需要给予学生更多的自由，让学生可以在课堂中正常发挥。开放性课堂的创设，意在培养学生形成良好的学习能力，教师在学生自主学习过程中，还应该多与学生沟通，了解学生阶段学习的想法，同时需要意识到教学期间学生存在的差异问题，学生由于其所处背景以及人生经历的不同，所以其个体间存在差异。在教学期间，教师必须要意识到学生间存在的差异，同时还应该因势利导，通过各项活动引导学生学习课程内容，同时尽量统一教学标准，将课堂的主动权更多地交给学生，让学生可以在课程进行期间享受阅读，乐于参与教师设立的教学活动。教师在教学过程中，还需要改变以往灌输式教学方式，根据教育部对学生能力培养的要求，学习现代教学方法，使用情景教学手段、翻转课堂等方式，在推进教学工作的同时，激发学生学习的自主性。

(五)计划与应变的统一

语文阅读课程教学需要完成计划与应变的统一教学工作，需要以学生能力培养为主线推进阅读教学，同时改变传统以教为主的错误教学观念以及相应的教学体制。由于课时紧张，教师需要认真地思考教学各部分活动以及各部分活动所用的时间，科学地设计教学内容确保各环节内容环环相扣，合理掌控教学节奏，引导学生全程听课。另外，教师还需要在教学期间，贯彻以学为主的教学观念，改变传统刚性教学设计方式，采用弹性设计的方式，可以根据课上学生对知识内容的吸收情况，合理地调控教学节奏，将学生作为课堂的主体，采用这种方式可以提升教学的合理性，同时教师还应该让学生自主学习，了解相关的计划，充分发挥学生在学习期间的自主学习意识，培养学生形成自主学习能力，并在因地制宜、因势利导的原则下，根据课上学生的表现情况，合理地推进教学进度，确保教学工作可以满足学生发展需要。

第二节　读式与读法如何影响开放性阅读

开放性阅读作为现代教育的新型理念，教师必须要掌握落实开放性阅读教学的方法，需要分析以往传统教学存在的弊端。以书本为中心、教师为中心的封闭式教学模式，无法培养学生形成良好的阅读素养，对学生自主学习能力也会起到极大的压制作用。因此，教师必须要打破常规，需要让学生可以在当下发现阅读教学的魅力，并为学生创建多元动态的阅读环境，带领学生更好地学习课上内容。除此之外，教师还应该让学生从生本视角下分析教材课文，让学生结合自己的生活经验分析课本内容，加强学生对知识的应用能力，推动学生自主发展。学生需要在学习过程中，按照教师引导的方向不断地向前推进发展，从而形成良好的自主学习能力，并通过教师的引导掌握阅读方法，具备快速分析阅读内容的能力，同时，虽然开放性阅读具备社会输向主体特征，教师需要根据教学要求合理创设教学方案、教学流程以及教学活动，发挥开放性阅读具备的特征，提升学生的个人能力。

那么，读式与读法优势如何影响开放性阅读的呢?

一、初读式：开放性阅读的必备环节

在开放性阅读教学中，“初读”是一个必然具备的环节。然而关于这一环节的教学设计，往往没有引起人们的足够重视。“三个一”，即读一读课文、画一

画词语、查一查字典，使初读环节在不同的课文阅读过程中板着同一副“面孔”，这就不免令学生生厌，严重影响阅读教学的整体质量。

进行开放性阅读期间，为了提升教学效率，教师一般会通过初读带领学生阅读课文内容，让学生可以掌握阅读文本的大体内容，并对文章内容有初步的印象。与此同时，还需要帮助学生扫清课文内的生僻字，在此基础上进一步进行深读、复读。初读是培养学生加深对阅读课文内容理解的有效方式，同时也是学生学习阅读非常重要的手段，在初读过后还需要进一步深读以及复读，在阅读学习中初读具有非常重要的位置，也是决定学生能否掌握阅读内容的关键方式。初读的基本功能是为学生掌握阅读文章内容打下基础，同时经过初读可以让学生初步判定文章的重要内容，对文章整体内容也有大体的把握，从而可以在初读后，进一步根据读者的印象进行精准预判。阅读教学需要从效益及整体质量方面考虑，这是顺利推进阅读教学的重要前提。初读还具备导向功能，在阅读教学期间初读起着非常重要的作用，可以让学生了解文章的感情基调、大体内容，并根据学生通过初读对文章的理解，明确阅读策略，掌握阅读相关的第一主观信息，这些均是初读为学生带来的信息。另外，教师还需要进一步引导学生阅读文章内容，在掌握课文内容感情基调后，可以引导学生根据掌握的信息，按照教师设定的教学流程分析阅读内容，因此，初读在阅读教学中具有无法替代的作用。另外，初读拥有情感功能，语文教师为了顺利推进阅读工作，会在课前进行充分的备案，了解课程内容并根据学生当前学习能力，合理设计教学方案，在此基础上利用多媒体为学生打造与阅读内容相应的场景，为学生创造良好的阅读环境，这是顺利推进阅读教学，引领学生继续参与阅读活动的有效方式。除此之外，在阅读期间还需要完成学习引导带入的工作，让学生可以在教师的引领下拥有良好的阅读心境，这也是学生学习阅读期间的情感状态。良好的阅读情感状态可以帮助学生分析文章内容，也是教师顺利推进阅读教学工作的有效手段。在阅读教学中需要了解教育工作的持久情绪倾向，同时还应该掌握阅读活动具备的情感元素，需要分析学生在阅读期间的心理活动，掌握学生的心理状态。如果初读给学生带来的是愉悦、受感动的心理状态，那么学生便会在学习过程中积极参与并配合教师开展各项教学活动，从而可以帮助教师顺利开展阅读教学工作，还能大幅度提升教学质量。并且初读具备训练功能，初读是学生进行阅读分析中非常重要的环节，但是会因为种种因素干扰，导致学生在初读期间无法通过阅读掌握文章核心部分。因此，教师需要从审题能力、工具书使用能力、提取文章大意的能力、质疑问题的能力出发，设立相关能力的培训目标，还需要考虑学生当下能力培养的适应程度，需要根据学生当前可接受的训练程度，合理设计训练计划，并且需要保证训练工作可以持续进行，因为能力的培养需要较长的时间。因此，教师在培养学生能力的过程中，必须要保持充足的耐心，才可以顺利推进教育工作，培养学生形成良好的语言能力，掌握初读的核心要点，并通过初读确定文章内容。

这些任务必须在初读时得到有效的训练，因为它们在阅读能力的整体结构中同样具有重要地位。

那么，教师在对初读环节的各个方面进行教学设计时，应当如何操作，注意哪些问题呢？

(一)初读与审题、解题

我们在讨论文章的时候经常会听到“题好一半文”或“以题统文”的说法。

初读如何去审题、解题，应因文而异，不宜如出一辙。如有的题目足以统领全文大意，则借题初读便可起“提领而顿，百毛皆顺”的功效；有的题目则可以从“题眼”处以小见大，作为初读全文的突破口。

例如，课文《我是你的儿子》讲的是人民的好干部焦裕禄的感人事迹，教师从课题切入，引导初读课文，让学生思考：

（1）“我”是谁？（河南省兰考县县委书记，人民的好干部焦裕禄。）

（2）“你”又是指谁？（兰考县许楼村的老贫农——盲人老大娘。）

（3）这话是谁对谁说的？（是焦裕禄在大雪堵门时访问老大娘时说的。）

（4）“我”真是“你”的儿子吗？（不是，焦裕禄与盲人老大娘没有任何血缘关系；但也是，焦裕禄全心全意为人民服务，是人民的好儿子，“不是儿子，胜似儿子”。）

总之，把初读课文与审题、解题密切结合起来，可充分剖示课题对课文的画龙点睛之妙。

（二）初读与了解文意

了解大意、初知内容是初读的基本要求之一。教师应当着意训练学生初读要快速了解课文的主要内容。如教学《闪光的小球》一文，一位教师的初读训练思路别具特色：今天我们学习《闪光的小球》（板书）。按照以下要求来读：

（1）读通课文，读准字音，画出难理解的词语或句子。

（2）找出一个句子能概括说明课文写了一件什么事？

（3）这件事中有六方面的人和事物，请你在括号里填上合适的词，并用箭头表示他（它）们之间的联系。（出示填空题，如图 3 – 1）

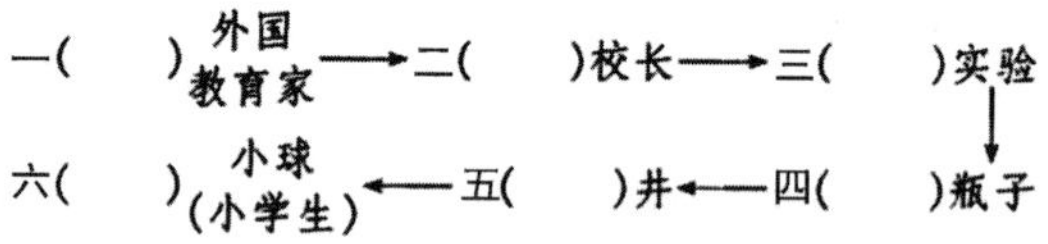

一（　　）外国教育家 ⟶ 二（　　）校长 ⟶ 三（　　）实验 ↓
六（　　）小球（小学生）⟵ 五（　　）井 ⟵ 四（　　）瓶子

图 3 – 1　填空题（资料来源：《阅读课堂教学设计论》）

（4）按照课文说说这些人和事物是怎样联系起来的？

这位教师采用抓故事中 6 个主要人和事物，并分析其中如何联系，这与每课初读时都一样问“请你说说课文写了一件什么事”的刻板和僵化，高明得多。

(三) 初读与厘清层次

在学生初读课文并撷取大意时，总离不开厘清层次这一步骤。 所以，初读与厘清层次有着内在的密切联系。

厘清层次作为初读课文的一部分，必须将其紧密结合在初读过程中，方能使两者互为依存、相辅相生而收一举数得之利。

(四) 初读与字词教学

教师在教学时把生字、新词分类渗透于初读活动之中，是效果较好的可行策略。

二、深读式——开放性的“板块研读”策略

小学语文阅读教学效率不高的问题，已成为当前深化语文教学改革的焦点问题。

总结并提升当代优秀教师的课堂实践认识，一种新的阅读教学的“板块研读”模式，正在逐渐形成之中，已成“呼之欲出”的状态。

(一) 什么是“板块研读”

简单来说，“板块研读”就是在教师的引导下，由学生自主地对构成课文的若干板块的问题情境进行研究式阅读，即个人自学整理—小组切磋研究—全班交流评议，教师则相机诱导点拨，落实训练。

如对小学生来说，“板块”就是一些背景复杂，头绪纷繁，语句艰深，有一

定难度的内容。教师若能针对这些内容，抓住课文中的关键词作为线索，就可以将其组合成条理清晰、由不同而又密切相关的问题情境组成的“板块”内容。

（二）“板块研读”的优势

对照阅读教学的情节讲问模式，“板块研读”的优势是明显的。它主要有以下几个方面的优势。

1. 变“讲”为“导”

在情节讲问模式中，教师以情节分析为中心，很难脱离“讲深讲透”的束缚。简单而又烦琐的提问，只不过是教师为避免“单向灌输”之嫌而采用的一种流于形式、追求表面热闹的手段。而在“板块研读”模式中，教师的“讲”被定格为“导”，即为“学”服务的一种引导。这样一来，“板块研读”就明确了教师讲的方向、质量以及内在机制。一言以蔽之，也就是教师要在学生进行“板块研读”过程中对学生进行指导、引导、诱导、疏导和辅导。

2. 化“繁”为“简”

在情节讲问的课堂上，一个突出的特点便是教师面面俱到的分析和烦琐细碎的提问，教师以“讲问”主宰课堂，使学生疲于应付。“读”被挤掉了，“练”被挤掉了，“思”也被挤掉了。

3. 以“读”带“研”

阅读教学要以“读”为本，但如何“读”却大有讲究。在这里，是机械式地读还是研究式地读，效果是很不一样的。国外比较重视开展综合课程（主题教学），如以“探索名人”为题，让学生去收集、阅读资料，去思考问题、筛选信息，完成课题。具体探究过程大致如下：什么叫名；你知道哪些名人；他们因为什么成为名人；你心目中的名人是谁；最后写成图文并茂的阅读报告，并向大家展示。这种教学模式之所以受到时代的青睐，说到底就是培养了学生的研究能力。它不仅仅重视认知的获得，更重视学生获取认知的过程，以发现问题、解决问题为中心，着眼于学生独立探索、创新能力的培养。“板块研读”的着力点也是“研”，即以“读”带“研”。虽然一个板块跨度大，内容多，但只围绕一个问题情境作研究给了学生广阔的自由发挥空间，他们可以充分地自学练习，再进行小组切磋，然后在全班做讲评交流，在教师指导、群体帮助下获得进一步提高。显然，这对于激励学生独立探索的兴趣、提高创新能力大有益处。

三、教读法：读中有教，寓教于读

在我国的语文教学史上，阅读一直受到重视，在教师指导下的学生的“读”历来被视作一种“教”的重要手段。旧时蒙童入学，即以读为主。“旧书不厌百回读，熟读深思理自知”，足见“读”的重要性。在教读体系中，“读”是作为“教”的一种形式和手段使用的。因此，在开放性阅读教学设计中，教师必须十分重视“教读法”的设计，其主要可以分解为以下几个方面。

(一)讲读

讲读就是教师讲与学生读相结合。这是帮助学生提高理解课文效率，培养阅读能力的重要手段。讲读不等于串讲，串讲是“每句先逐字训之，然后通解一句之意，又通解一章之意”（程端礼《读书分年日程》卷一）。串讲以讲解为主，读的成分很少；而讲读的“讲”具有鲜明的针对性，只讲学生不懂的地方，似懂非懂的地方，容易误解、混淆或忽略的地方。对课文中学生可以读懂的地方便让学生自读、自学；即使要讲的地方，也尽可能地以读代讲，寓讲于读，尽力避免烦琐的讲解、面面俱到的讲解，以充分调动学生学习的主动性和积极性。

（二）导读

20 世纪 80 年代以来，随着语文教学改革的深入发展，传统的“讲读”开始发生变化，“讲”逐步向“导”转移。这首先是因为人们越来越认识到“训练”对于语文能力的培养有着至关重要的作用，想要让学生真正地学语文，教师就不能“讲”得太多，“导学”似乎更为适当。同时人们也认识到，阅读是以母语学习为基础的，阅读材料基本上又是现代汉语，在教师的点拨引导下，学生完全可以自己读懂，没有必要讲得太多。而当今时代对人的素质的要求又不仅是知识，更包括智力、能力、探索精神和开拓意识等多个方面。过多地讲解灌输，会使学生习惯于被动接受别人的说教，不利于他们除知识以外其他方面的发展。

对“导读”来说，学生的自读是基础，教师的引导是关键。

首先，教师要“导之以学”。“导读”时，教师要鼓励学生依靠自己，对课本进行熟读精思，而不是只听教师讲解，由教师“代劳”。若教师的“导”真正能成为指点“学”的过程，那么学生的阅读能力是不难被有效地培养起来的。

其次，要“导之以思”。“学而不思则罔”，学生读的效果如何，在很大程度上取决于学生阅读的心智活动的开展。因此，在导读的过程中必须把“学”与“思”的联系揭示出来，使他们养成“边读边思”的习惯。

再次，“导之以法”。“最有价值的知识是关于方法的知识。”学生自读、思考都要有一个方法，只有“导之以法”，才能使学生把握规律，举一反三。

最后，要“导之以情”，让学生去读懂课文中作者表达的思想感情。

（三）范读

范读就是示范性的朗读，一般由教师担任，但也可指定朗读水平较高的学生来读，必要时，还可借助录音磁带或唱片，引起学生注意力和兴趣，帮助他们理解课文内容。 根据其作用不同，范读可以安插在教学的开端、中途或结束等各个阶段。 成功的范读应具有以下特点。

1. 启发性

范读要在引导学生于无疑处求疑，探索新知识的生长点，激发学生的注意力和观察力。 范读的教师或学生对那些中心句、关键语以至生字新词，都要通过“咬字”加以适当强调，给学生以尽量多的启发。

2. 审美性

审美性是指寓美育于范读之中，使范读能准确传达作品的情感，震撼学生，使他们能与作者产生共鸣。 这是范读应当达到的效果之一。

3. 知识性

范读还应当起化解知识难点的作用，讲究语法、注意停顿，以暗示句子、句群或段落的语法结构和逻辑层次，提高学生对文章的理解程度。

4. 多样性

范读形式要注意改革创新，灵活多样，要充分考虑学生情况、教师素质、课文体裁、教学设备等条件，如用录像片或幻灯片，伴画面范读；配音响范读；分角色范读；等等。

5. 可接受性

范读的速度要根据不同年级学生的认知水平，与他们的思维速度、视读速度同步。 特别重要或难懂的可重复读，也可插入精要的指示、评点。

(四)释读

释读就是边读边用通俗易懂的语言加以解释，帮助学生理解读物内容。 释读多运用于古文、古诗的教学，一般要解字义，再串句意，而后小结层意或段意。如在教学《题西林壁》时，教师可边读边译："'横看成岭侧成峰'，'横看'就是从正面看，'侧'是从侧面看。雄伟的庐山从正面看是一道连绵起伏的山岭；从侧面看成了一座峻峭的山峰。'远近高低各不同'，这句指庐山从远处、近处、高处、低处看，都呈现出不同的形象。'不识庐山真面目'，'识'这里指看清的意思。（之所以）看不清庐山的真面目，'只缘身在此山中'。'缘'，因为；'身'，指自身；'此'，这。整句的大意为因为自身就在这庐山中，眼界受到了局限，所以看不清这座山的全貌。"

释读一般用于教师教读，但也可以在检查学生课业时，让学生释读。

(五) 引读

引读是一种以读代讲的训练方式，教师通过插话、提示、设问……引导学生以读代答，从而加深其对课文内容的理解。引读也叫"逻辑引读法"，其关键在于教师的插话、提示、设问能起画龙点睛、钩玄提要的作用，引领学生的诵读，达到释疑的目的。

(六) 领读

领读一般在较低年级或朗读能力较差的班级使用，普通话教学、文言文教学也较多采用领读的方式，其目的在于帮助学生读得正确、流利。领读的基本形式就是教师示范读一句，让学生模仿跟读一句。根据需要，教师可以领读整篇课文，也可以只领读个别长句、难句或片段。领读者通常由教师担任，但也可指定由已经具备领读水平的学生担任。有时为了培养学生的能力或调动他们的积极性，还可安排大家轮流担任领读。成功的领读具有引导学生正确理解文章内容的作用，因此要突出重点和难点，有些太长或太短的句子，领读时可不受标点符号的限制，根据内容灵活地、合理地处理停顿。 领读还要注意学生跟读的反馈信息，如跟读没有达到要求，可以再次领读，直到达到要求为止。 领读、跟读的转换时间可以比单独朗读时有较长的停顿，给学生留一些思考和理解的机会。

四、自读法：向开放性阅读的主体趋归

培养学生“自能读书”是语文教学的重要目标之一，也是阅读课堂教学设计的焦点问题。 阅读，作为一种个体的行为和活动，主要体现为一个心智活动的过程。 不难理解，一种真正有效的阅读，必须依靠阅读者全部的心智和情感意向活动，才能通过对书面符号的感知和理解，把握其中所反映的客观事物及其意义，达到阅读的目的。 对于学生来讲，这是一种具有很强个体性的活动，教师是不可能越俎代庖的。 因此，在阅读教学中培养作为阅读活动主体的学生的自读能力便十分重要。 自读能力只能通过科学的自读活动形成,在这方面，近年来广大语文教师多有探求，不乏行之有效的方法。

(一)圈读

圈读是一种比较传统的读法，即对课文内容加以圈画，质疑究难。 圈读的过程是读、思、记的组合过程，不但可以疏通课文，促进理解，还可以增强记忆，便于进一步探究、分析。 圈读法是很多人采用的读书方法，可以应用于阅读的全过程。 初读时，通过圈画标出生字、新词、含义不太清楚的句子，或表现文章主要内容的地方；深读时，通过圈画可以划分段落，厘清层次，归纳各段大意；精读时，通过圈画可以归纳中心，品评赏析，揣摩文章的要旨机理。 圈读要用符号标注，因此必须有一套相对固定、能代表各种不同含义的符号，让学生统一使

用。圈画还可以用不同的颜色的笔，以求醒目。圈读时，有时可以和批注结合，批注的文字要简明，书写位置应和圈画的部分对应，实在不能对应的，可用箭头线（→）加以标注。

（二）查读

查读一般用于初读课文时，即学生一边读，一边查考工具书，了解生字新词或词义句意，以达到能读通课文、初识大意的目的。查读的主要内容有以下几个方面。

1. 字音

学生对不认识的生字，不清楚的多音字，要查准音节，读正确，最好能找到识记规律。

2. 字义词意

学生对不理解的字义和新词的含义，对难懂的词语，可以通过查字典、联系上下文以及观察插图加以疏通。

3. 句子含义

学生对含义比较深刻，不易理解的句子，可以通过理解上下文和观察插图加以领会。

4. 课后习题

在逐一审题明确题意后，学生要通过反复读课文，找出正确的答案。查读要求边读、边想、边记，口、脑、眼、手并用，这有助于养成“不动笔墨不看书”的良好习惯。学生查读时，教师要注意从旁指导，对难度较大的阅读内容进行适当提示；对程度较差的学生多加以辅导；要允许学生小声议论，交流心得；学生之间还可以通过检查，互相启发，互相补充。

（三）参读

参读是指学生为了读懂课文而参考有关资料的一种读书方法。“阅读学”认为，阅读的次第并非单纯直线性的顺序，而是一个互为参照的网络。任何一本读物必须要有一本或一批参照读物方能为阅读者所完全读懂。书是互相参照的，读一本书往往需要有其他书作为先导和准备。在阅读教学中，教师指定一些课外读物让学生参读，不仅是为了更好地理解课文，而且也是为了帮助学生养成良好的“参读”习惯。

（四）精读

精读是为了达到对课文的充分理解而进行的阅读方式。这种方式要求学生认真、仔细、精确地研读课文，直到完全理课文的语言形式和思想内容。在阅读教学中精读的一般要求如下。

一是在认读方面，要求学生按照顺序，仔细地看清每一个字，不能有错认或漏认（包括课后习题、注解）。

二是在理解方面，要求学生对课文的词、句、段、篇都进行教学目标所要求的分析和思考。对于词，不仅要弄懂它的表面意义，还要理解它在课文语言环境中独特的表达作用和感情色彩；对于句，不仅要了解它的直接意义，还要领会它蕴含着的意思；对于段，不仅要会概括大意，而且要懂得前后联系和内部结构；对于篇，不仅要归纳中心思想，还要明白它的谋篇布局和思路线索。

三是在联想方面，要把课文的思想内容和其他事物作广泛的联系，深刻领会课文的主旨和现实意义。

四是在评议方面，要求学生对课文所阐述的道理和语言形式，作出客观的衡量和判断。

五是在作业方面，要求学生能正确理解课后习题，并完成习题要求的训练。

（五）复读

复读是对某些已读过的课文进行再次阅读的方法。复读的形式一般有四种：一是总结性的复读，学生学完全文后，根据教师提出的要求复读一遍，进行总结性的思考和讨论；二是温习性的复读，目的是加深印象，避免遗忘，常用于平日复习或期末复习时；三是比较性的复读，在学习另一篇新课文时，为了作比较，让学生复读某一篇相关的旧课文；四是探求性的复读，是为了从新的角度去探求新的认识，解决新的疑点。

第三节　开放性阅读下课堂教学的备课模式

一、开放性阅读下备课的影响因素

开放性阅读的课堂备课要受到来源于教材、学生和教学环境三方面因素的制约。

（一）阅读教材

阅读教材对教学备课的制约表现在以下几个方面：首先，内容（阅读文本）的思想认识价值、阅读能力训练价值、言语训练价值和学生可接受的积极程度；其次，课文与课文之间、单元与单元之间、册与册之间的内在逻辑联系而形成的阅读教学体系的优越性也十分重要；最后，阅读教材的呈现方式，即方法问题也是不可忽视的要素。

（二）学生

学生对阅读课堂教学备课的影响始终处在“主体”地位，这往往易为人们所忽视。学生应当是开放性阅读课堂的主人，是教师实施阅读课堂教学设计的出发点和归宿。学生不是被动地接受教师单向灌输的无足轻重的“容器”。因此，他们的认知基础和认知特点，情感和身心发展水平等这些参与阅读教学的前置状态，对教师备课的质量起着决定性作用。尽管学生在这方面有其普遍规律，但不同地域、不同班级具有不同文化背景、社会生活环境，存在着很大的差异。至于不同学生的个性特征，他们的动机、情感、意志、兴趣、气质、性格等，更是千差万别。由此可见，教师“心中有人”，注意到教学对象的个性差异和认知活动中的主体地位，这对于日常备课无疑是最为重要的因素。

（三）教学环境

教学环境对阅读课堂教学备课的影响，也应当同样引起教师的重视。学校的整体管理方式、教育的硬环境（教育设备条件）和软环境（人际合作关系和氛围）都是阅读课堂教学设计应予关注的。至于学校和社会可为阅读课堂教学提供的各种参考资料、教具、音像教材、电脑课件、课外阅读书报等，更会直接影响阅读课堂教学设计的质量。

以上从三方面梳理了影响阅读课堂教学备课的因素，并分析了它们之间的关系，这对于确定阅读课堂教学备课的顺序是至关重要的前提。程序的安排，我们可以顺着“教学什么”和“怎样教学”来推进，因此，第一步必须对语文学科的结构进行整体的分析和认识。在此基础上，可以进入第二步，把阅读教学在语文教学中的定位搞清楚，并对阅读教学的结构做分析认识。 第三步，在明确了阅读的教学体系之后，方能对阅读课文（教材）有正确的分析和理解。 这样，才能有一系列的阅读课堂教学的策略（第四步），并根据这样的策略，编排出切实可行的教学程序（第五步）和具体操作（教学方法，第六步）。 在这样一个过程中，又会客观上受到教材实际、学生实际、教师实际和环境实际的制约。 总之，在阅读课堂备课过程中，处于主导地位的教师，必须有着较高的整体素质，充分凭借教育环境，做到胸中有书（教学内容）、目中有人（服务对象学生）、手中有法（阅读教学操作策略）。

阅读课堂教学是一种有目的、有组织的群体生命活动，而关于它的教学设计也一定是科学性与艺术性相结合的。 阅读教学的教材是选编的一篇篇现成文章，教师要在深入理解和感悟的基础上，根据教学目标和学生实际，凭借一定的教学环境设施，挑选和提炼阅读文本的内容，融入个人的气质和风格，才能浓缩而凝练成自己的教学方案，并在学生的积极参与和合作下，转化为学生的思想知识和能力。 这种内化过程的产物，无疑充满了令人倾倒的教学美，欣赏这种美，也就是欣赏教师和学生在教学过程中所显示的本质力量。

二、开放性阅读下阅读教学的备课策略

（一）整体推进,分步深入

现行的小学阅读教材是文选型课本，即选编现成的一篇一篇的文章为阅读文本。 这些入编的文章都是从命题到立意，从谋篇到布局，从语言形式到思想内容，逻辑严密、首尾圆合的整体。 因此，小学开放性阅读教学更适合提倡“整

体—部分—整体”的阅读教学线路，即在整体感受、了解的基础上，进行有重点的局部深入剖析，再在更深的层面上达到整体的感悟和理解。 这就要强调整体推进，以避免对文章肢解、割裂而断章取义。 然而一篇课文通常不是一节课就可以完成的，而要有两教时或三教时方能达成阅读目标。 这就导致传统的阅读教学习惯采用重局部、轻整体的方法，即以文章的“段”为单位，分配到几节课中去逐段完成。 如第一教时讲读课文的第一、二段，第二教时讲读课文的第三、四段等。 这就容易产生学生阅读时“只见树木，不见森林”，造成一种支离破碎的负面影响，在一定程度上破坏了文章的整体性。 因此，教师在备课时对于此类阅读课堂要注意划分出整体与部分，做到先将整体内容完整地呈现给学生，再在不同课时分步骤推进部分文章的教学进程。

(二)主线简明,细节饱满

鉴于阅读教学是以课文（文章）为阅读文本的，而每一篇课文都可以认为是一个“大千世界”。 从语言形式看，课文对字、词、句、篇、语法、修辞、逻辑、文体的知识是无所不包的；其思想内容，更是天文地理、风物人情、鸟兽虫鱼等无所不容。 如果教师在引导学生深读课文时，力求面面俱到，则会讲不胜讲、读不胜读。 因此，教师必须根据教学目标和学生实际，提炼出阅读课文的一条简要而明晰的主线，单刀直入，开门见山。 这样才能腾出大量的时间和空间，让不同个性、不同潜能的学生，都能占有充分的课堂时空，来自由地阅读、赏析、训练和感悟；也才能真正做到“引而不发”，让学生“自求得之”。

追求主线简明，还可以使阅读教学不至于过多地纠缠在课文的情节之中，而流失了课堂教学效率。 因为让学生了解课文情节并不难，阅读文本使用的是母语，大部分孩子在三周岁时已基本掌握了口语的语言，小学课堂中的一篇课文，百分之九十八的字词、句子学生已经学过，而课文内容所反映的生活场景，学生也并不陌生。应当说，在阅读活动中，学生拥有许多可供迁移的基础知识。这就是语文教学的学科特点。在阅读教学中教师如果把课文完全作为新知识，嚼烂了，再喂给学生，这是十分错误的。

郑板桥写有一首题画诗："四十年来画竹枝，白日挥写夜间思，冗繁削尽留清瘦，画到生时是熟时。"教师的备课也如同作画，要花大力气去提炼主线，要抓重点，轻一般，留骨干，去枝叶，删繁就简，以简驭繁，深入浅出，以少胜多。如果说，备课是一门艺术，它也是一种提炼的艺术。没有提炼，就无所谓备课。

当然，提炼主线的目的，绝不是为"简"而"简"。简其主线是为了详其重点，以结构简明来体现目标集中。所谓"细节饱满"，也就是指对达成教学目标的重点部分，要充分展示其细节，呈现其过程，使训练落到实处。所以，"主线简明"和"细节饱满"两者是相辅相成的。简明其主线，正是为了腾出时间来展示重点、呈现过程；反之，要有时间来充分展示重点的细节，就必须简明其主线。如果在备课时，教师追求面面俱到，其结果也就会在上课时"面面不到"。

在阅读教学过程中，要以学生的阅读效率为教学核心。为此，必须培养他们自主研读的能力，在阅读中学会阅读，这是必然的目标。但这得取决于教师的教学思想。只有在正确的教学思想指导下，有较好的文化底蕴和专业修养的教师，才能使"学生为本，研读为体"成为自然目标。如果教师改变不了师道尊严、权力主义的旧教学观念，就不可能真正把阅读课堂还给学生。教师要实行好"学生为本、研读为体"的阅读教学备课运作策略，必须注意以下几项原则。

1. 教书育人的原则

教学永远具有教育性，阅读教学当然也不例外。阅读教学不仅要引导学生学会阅读，更要教他们学会做人。奠定学生的辩证唯物主义世界观基础和培养学生良好的道德品质，是各科教学（也包括阅读教学）的重要任务之一。让学生在阅读活动中去正确地认识世界、认识历史、认识人生、认识生活，在阅读行为中始终处于实现发展的重要地位。 因此，阅读教学的备课环节自始至终应把教书和育人结合起来，从目标的确定到教程的安排、教法的运用、媒体的选择、学业的评价，都要以学生整体素质的发展和21 世纪对人们的具体要求为指导思想。

2. 面向全体学生的原则

九年义务教育要求所有学龄儿童受教育机会均等。 所以，阅读教学的备课，必须面向全班学生，做到“一切为了学生，为了一切学生，为了学生一切”。 也就是说，要让每一位学生都能达到义务教育的基本要求，使他们都能获得不同程度的发展。 但实际情况是不能尽如人意的，要做到面向全体学生并不容易。 如对我国小学生课堂言语交往行为的相关调查研究表明，学生在课堂中回答教师提问的行为次数在学生课堂言语交往行为总次数中占93.8%，学生其他类行为次数只占1.8%。 换句话说，学生在课堂上能主动提问题或表示异议的，还只是凤毛麟角。

3. 学生乐于接受的原则

开放性阅读教学的备课，允许落后，鼓励冒尖，实施分层教学，应当是阅读教学备课工作中予以密切关注的问题。

4. 学生自主研读的原则

由于语文教材的知识体系采取的是螺旋形排列，而不是像理科那样的直线形编排，在阅读教学中学生面对的一篇新课文，并不是完全陌生的新知识，他们有宽厚的可供迁移的基础，这就可以实施“学生为主、自读为主”的教学策略。 学生的自主阅读，确切地说，应当是“研读”，即在教师指导下进行研究式的阅读。 这样不仅有益于提高学生的阅读能力，而且十分有助于培养他们的研究发现能力。 这对于造就21 世纪知识经济时代的一代新人，无疑是具有重要意义的。

三、开放性阅读下的基本备课模式

(一)解读教材

教师解读教材，要力求解读到位，并有一定的深度；力求多角度、多层面地解读；力求走到教材的深刻之处，找到其独特之处，教师需要从教材特点和教材位置这两个方面对教材进行细读、解读、研读。

1. 关于教材特点

教材特点是指某一篇课文，从思想内容到语言表达，对教材的一个初步了解、把握，接下来还需要进行深度理解、分析把握，即深层次的解读。深层次的教材解读需要教师从课文的思想内容和课文的语言表达两个方面进行深刻分析。

（1）从课文的思想内容上来看，课文在思想内涵与情感上有什么、有哪些“深刻之处”和“与众不同”之处，这需要从全篇与局部（字、词、句、段）两个方面进行分析解读；就局部而言，课文中有不少重点、难点的词句需要进行多层面到深层次的分析解读。

（2）从课文的语言表达上来看，解读课文的语言表达，一般可从四个方面进行：布局谋篇（结构、思路、顺序等）、表达方式方法（叙述、描写、议论、抒情、说明和铺垫、衬托、交代等）、遣词造句（准确性、形象性、生动性等）、语言风格（平白、幽默、调侃、朴实、优美、文雅等）。教师需要从中找出课文的“与众不同”之处。

2. 关于教材位置

“教材位置”一般应从两个方面来思考、解读，一是单元的人文专题，二是单元的语文训练重点。其中主要的是就语文训练重点进行认真、深入的思考解读。

(二)学情分析

学情分析，主要是指教师根据所教学的课文、所训练的重点、所完成的任务，去分析学生在学习过程中会遇到哪些困难、疑惑，了解学生学习的基础。为此，教师要凭借已有的教学经验和对学生学习状况的了解，进行一定的推想，甚至要进行必要的调查、了解。具体来讲，教师需要从以下几个方面分析学情。

1. 了解学生相关的知识基础与积累

阅读、学习一篇课文，应掌握一定的背景资料。如果把一篇篇课文放置在一个较大的历史背景、知识背景中去学习，要比单独学习好很多。因而，在学习某一篇课文时，教师要了解一下，学生有哪些相关的知识基础与积累，也就是要了解学生知道什么、不知道什么、已学会什么、未学会什么等。

(1)弄清学生相关的已知领域。

从某种意义上讲，学习就是运用已知探究未知的过程，是旧知识向新知识迁移的过程。这既是一个认知的过程，也是能力提升、发展的过程。因此，需要教师依据对学生学习的知识、积累现状进行分析、把控，找到与学习新知识目标最接近、最需要的那些相关的旧知识，即旧知识与新知识之间的“最近发展区”。这些“最近发展区”，有知识方面的，有学习方法方面的，也有生活经验方面的。例如，学生在前面的课文中已对过渡句有了一定的认识，了解了它具有承前启后的作用，那么当学生在学习新课文时，又遇到了过渡句，让学生运用已经知晓的知识去探究新知识，厘清其脉络或借助过渡段归纳段落大意，把握主要内容等。

（2）了解学生相关的未知领域。

了解学生相关的未知领域，即了解学生在学习本课时“不知道什么”，一般地讲，学生相关的未知领域，大都体现于课文学习中的知识盲点，生活经验的盲区；体现于对作者生平背景认知等。

（3）推测学生的相关难知领域。

推测学生的相关难知领域即学习的难点。 这是教师指导作用发挥得最有意义的地方。

2. 了解学生相关的阅读基本功及其现状

教师在教学某一单元、某一课时，应对学生已学会、掌握的阅读基本功有所了解，对学生将要学习的阅读基本功进行分析、解读，弄清、明确是在什么“起点”上教这些内容。 为此，教师要做好以下两个方面的工作。

（1）学生在学习一单元、一篇新课文时，应运用到哪些相关的阅读方法。一、二年级的学生一般在阅读基本功方面已学习、掌握了结合上下文和生活实际了解词句的意思，当学生进入三年级，在学习某一篇课文的时候，教师应明确学生在二年级时所学会、掌握的这一阅读基本功，并有意识地引导学生运用已有的基本功去学习阅读有关句段，读懂句段的意思与内涵。 而教师们所着力指导的应转到“未知领域”，或转到运用已知学习、探究未知上来，即体会课文中关键词句在表达情意方面的作用。

（2）分析学生已掌握的阅读基本功所达到的水平及其现状。 我们强调新学的阅读基本功要落实，真正让学生学到手，已学的阅读基本功要运用，并逐步使学生达到自觉地运用。 但是在实际的教学中，由于某些原因，学生应学习掌握的阅读基本功并没有真正学到手。

备课时，教师要了解学生相关的阅读基本功及其现状，也就是弄明白学生在学习一个单元、一篇新课文时，会什么、不会什么，会到什么程度，以便在教学设计和课堂操作的时候，明确教学的起点、基础，提高教学的效率，促进学生阅读能力、水平的不断提高和发展。

3. 了解学生学习的兴趣和关注点

学生在学习一个单元或一篇课文时，由于个性差异、爱好不同、能力不同等，可能会出现喜欢、不喜欢，关注、不关注等不同情况。教师在备课的时候，也需要对此进行必要的假想、揣摩。如果出现学生不喜欢、不关注的地方，恰恰是教学的重点，那么教师就需要采用一定的教学策略加以引领，吸引学生的注意力，激发其学习兴趣。

(三)确定教学目标

教学目标一经确定，就要起到对备课活动的制约作用，也就是说教师备课要依据教学目标进行，不应脱离教学目标随意设定一些教学环节。教学目标一经确定，它对教学流程也就起到监控作用，教学过程中所有层面的工作都要服从于教学目标。有了比较全面的解读、分析、把握，接下来，教师就应按照《语文课程标准》中提出的“知识和能力，过程和方法，情感、态度和价值观”三个维度，设定明确不模糊、恰当不笼统、全面不缺失的教学目标。

(四)分析重点、难点

教学的重点、难点的确定，不能凭主观臆断，它来自教师对教材方方面面的解读、来自其对学情的认真深入的分析、来自教学目标的确立。教学的重点、难点一旦清楚了、明确了，就会为后面有关教学程序的备课指明方向，教师就可以设计出一些比较巧妙的、突出重点、突破难点的方法、策略。一堂好的阅读课的教学工作、任务，主要应是为突出重点着力，为突破难点着想。因此，确定一篇课文教学的难点、重点尤为重要，几乎成为一堂课成功与失败、低效与高效的决定因素。那么，怎样来确立需要着重明确的教学重点、难点呢？

1. 在钻研教材、解读文本的基础上，找到依据，确立重点

找到依据，主要是从单元导语、课文特点、课后思考练习题、课文的泡泡语和《语文园地》中的“我的发现”、《回顾·拓展》中的“交流平台”这几个地方去发现、寻找，并进行综合分析，力求与编者的目的意图相吻合。

2. 在综合分析、联系学情的前提下，确定教学难点

一般地讲，确定教学重点主要是依据教材特点，编者的设计目的、意图，而确定教学的难点则主要依据学生学习的实际情况。

3. 区别教学重点、难点与训练点，处理好两者的关系

教学的重点、难点一般是从教学目标中分解提取出来的，体现教材编者设计的目的、意图，尤其是教学的重点，更是编者目的、意图等的综合体现，它们具有教学的目标性（不是指某一词、句、段），与教学的训练点相比，教学的重点、难点是居上位的。教学的训练点一般是指某些具体的词、句、段、篇的教学以及朗读、背诵等方面的训练，包括学生的疑难、困惑处。与教学的重点、难点相比，训练点是居下位，如某些难懂的词、句，难读的句、段等都是教学的训练点，它与教学的重点、难点有明显的区别。

从教学的重点、难点与训练点的关系来看，要依据教学目标和教学的重点、难点去发现、寻找、选择、确立教学的一个个训练点，使一个个训练点能为完成、落实、突破教学的重点、难点和教学目标服务。

（五）教学准备

教学准备包含两个方面：一是学具准备；二是教具准备，如让学生准备所需的彩笔、实验、操作用品、所查阅的资料等。进行教学准备需要注意以下

几点。

1. 力求充分、实用，避免华而不实

无论是教具还是学具，教学前都应做好充分准备。如实验、操作用品是否齐全，课件是否能顺利播放，一般都需要在课前实际操作或试用一下，确保课上可以正常运转。另外，教师需要注意课件用字，凡是让学生认读、阅读的文字，应使用教材上的规范字体（楷体和宋体）。但教具、学具仅仅是教学的辅助品，是教学的手段，实用即可，不必追求外表、形式的精美，要把主要时间、精力用于解读文本。

2. 力求适量、适当，避免喧宾夺主

教学准备是为落实、完成教学目标服务的，也应更多地为如何突出重点、突破难点服务，即“好钢用在刀刃上”，非重点、难点、关键的地方能不用则不用，能少用则少用。从当前课件的使用情况来看，有过度、过分、泛滥的倾向，过多的音乐烘托，大量的视频、影像资料等，使本应需要认真思考、深思熟虑、书声琅琅的阅读教学，几乎成了看图片、听音乐、看影像的娱乐性活动。因此，教师要进一步明确阅读教学的本质、特点、任务，适量、适当、适度、适时地运用课件及其他手段。例如，有的课文学习需要音乐烘托，则只应用在需要的地方，一般一节课两三次即可；图像资料也应尽量少用，用在最需要的地方，防止出现“正事没干好，闲事忙不完”的舍本逐末、喧宾夺主的现象。

另外还需要强调的是，指导朗读是阅读教学的主要任务之一。因此，进行教学准备时教师要认真朗读课文（多遍），进行正确、流利、有感情的朗读，特别是需要自己领读的句段，教师要多练习几遍，读出最佳效果。

第四节 开放性阅读教学的设计方法

一、开放性阅读教学设计的指导思想

(一)开放性阅读教学设计的含义

开放性阅读教学设计是指教师在授课之前，在深入钻研教材、了解学生的基础上，在教学目的的制约下，对教学内容、教学方式方法、教学步骤做出科学的、合理的安排，以保证在规定时间内达到教学目标的总体设想。

(二)开放性阅读教学设计的指导思想

1. 树立整体目标

我们在分析了阅读能力的构成和发展及其影响阅读的诸多因素之后，可以明确：开放性阅读教学是教师指导学生以解读课文为依托，提升阅读能力的一种教学活动。在训练学生阅读能力的过程中，教师要对学生进行知识传授、人文素质教育、思维教育和情感熏陶。教师要树立这种整体教学目标。

2. 树立正确的阅读效率观

在传统语文阅读教学中，教师常说“开卷有益”，意思是只要打开课本去

读，就有益于增进知识，这话在彼时说有一定的道理。可是，当今世界信息量激增，传统的教学方法在如今有较大的局限性，快速阅读、快速记忆、快速计算、快速记录，不但为人们所重视和研究，而且已有不少的专门学校开展了这类人才的培养。语文阅读教学的效率也被提上议事日程。许多国家已进行有关快速阅读的研究，并取得了丰硕成果。

3. 树立阅读迁移的教育观

教师要重视学习的迁移。教师在上课时，不但要传授知识，更要传授方法；不但要传授方法，更要针对不同的学生采用不同的引导方法。如有的学生喜欢上新课，他们喜欢新课文的情节，一旦了解课文的情节后便不再有兴趣。针对这种情况，教师要引导他们深入体味课文的意义，如提出一些问题让其思考。另外，教师也要注意“同类相求”“连类而及”，讲读课文后可以推荐一些与课文内容、形式比较接近或内容相近、语言风格相近、情节相关的文章，让学生进行课外阅读，这些都是有效的迁移。

(三) 开放性阅读教学设计理念

1. 改变原有的教案编写模式和指导思想

原有的教案已经不能适应当今时代的要求，为了适应素质教育的要求和课程教材改革的理念，教师要改变原有的教案编写模式和指导思想。

2. 以基础教育课程改革纲要为指导，树立新的教学观

开放性阅读教学设计要贯彻落实基础教育课程改革纲要的精神，改变学生死记硬背、接受式学习、机械训练的现状，倡导学生主动参与、勤于动手、收集处理信息、乐于探究，注重学生全面发展。

3. 换位思考,设计教学方案

教师要本着导教、导学、导测量的原则，精心设计学生的学习活动，让学生在活动中获取知识。 教学设计要体现出学生的学习过程和教师的指导步骤。

4. 改变评价观念,关注课后反思

在指导学生学习的过程中，教师要及时对学生在学习过程中的表现给予评价，使评价成为教学过程的一部分，以评促学、以评促发展。

二、教读课文的教学设计方法

(一)教读课文在阅读教学中的地位和作用

教读课文是指学生在教师的指导下精读的课文。 每一单元的教读课文体现了相应单元的学习目的和要求，是教师指导学生积累知识、学习读书方法、掌握读书规律、形成阅读能力的重要材料。 学生则凭借教读课文的学习，在获得语文知识的同时，掌握阅读方法和阅读规律，形成阅读能力。

(二)教读课文设计要点

1. 确定教学目的,把握重点、难点、疑点

教学目的包括基本能力、基础知识、人文教养。 确定教学目的是教学设计的核心。 没有这个核心，教学就成了一种盲目的行为。 确定教学目的的主要依据如下：一是语文学科的总目的；二是教读课文内容和形式的特点；三是学生的知识、能力水平和教育教养素质条件。

对于教学目的三个方面的因素，不能一个个分开去把握，而应作为一个整体进行综合的理解和认识，并根据具体情况设计、落实教学目的具体措施。

“突出重点”，不能面面俱到地把一篇课文从头到尾逐字逐句加以阐释。 但是，重点往往又与“一般”联系在一起。 在教学实践中，很难做到孤立地“突出重点”，而必须与“一般”相联系。

2. 厘清教学思路

学生学的思路在很大程度上是与教的思路相一致的，具体原因如下：其一，阅读文章总是有一定规律的，这个规律就是“整体——局部——整体”。 其二，学生的学是在教师的指导下进行的，学的思路一定会受教的思路的影响，且年级越低越是如此。 但是有时情况很特殊，教的思路与学的思路会产生冲突。

因此，考虑诸多因素、厘清教学思路是教读课文的设计要点，也是教读课文的设计难点，需要教师着重把握。

(三) 讲读课文的几种设计模式

人们习惯上把模式称为“方法”，但它是“大方法”，是相对于具体的操作方法而言的。 教学设计模式既是理论体系的具体化，又是教学经验的一种系列概括。 在讲读课文的过程中，教师可以使用以下几种教学设计模式进行教学设计。

1. 提问式教学设计

提问式教学模式在实施过程中是千差万别的，但大体上有三个步骤：质疑设问—讨论答问—小结评问。

质疑设问要求学生在初读课文的基础上，教师启发学生提问，或设立问题情景，引导学生提问。

讨论答问是指在教师的组织下最大限度地发挥学生认知的可能性和学习的积

极性，引导学生通过各种方法和途径，研究解决问题的方法，培养其创造性的学习态度。

2. 情景教学设计

情景教学设计步骤为：设境—理解—深化。

（1）设境。 设境是指根据课文内容创设情景，情景创设的方法和手段有实物演示、言语描述、音乐渲染、影视播放、表演体验、深入社会生活等。

（2）理解。 理解是指深入情景之中，以情景指导学生阅读，达到领悟课文的文字情景与体验创设情景相融合的理想境界。

（3）深化。 引导学生展开联想或想象，深化对文章主旨的认识与理解，既要让学生通过创设的情景，又要让学生根据文字提供的内容去想象新的情景，透彻理解课文的目的。

三、自读课文的教学设计

（一）单篇自读课文在阅读教学中的地位和作用

自读课文还有一个调节作用，不同地区、不同学校，可以根据学生的不同情况对自读课文进行增删调换，给学校、教师的教学工作以更多的主动权和灵活性，从而加强教学的针对性。

（二）单篇自读课文的教学设计要点

语文教师对自读课文的处理，绝不能放任自流，使自读课文丧失了它的独特作用，而是要加强自读课文的教学研究，促使学生通过自读课文的阅读训练，将知识及时地转化为能力。 自读课文的设计要注意以下几个方面的准备工作。

1. 确定训练目标和形式

从内容上考虑，自读训练的目的是巩固和运用知识；从能力上考虑，自读训练的目的主要是以阅读为主，带动写、听、说的其中一项或几项能力的发展，如以读带读、以读带写、以读带说。 另外，根据课本编者的安排，教师要考虑学生自读的效率，进而确定恰当的自读形式。 在实践中，一般是采用学生课外自习，教师课内点拨的形式。

2. 指导学生运用读书方法

对于一般的读书方法，教师在进行教读课文的教学设计时，就要考虑其与自读课文相配套，这样学生才能及时运用，加深理解。 但是自读课文毕竟与教读课文在内容或形式上有所区别，所以教师要针对自读课文的特点设计教学步骤和方法。

3. 确定评价方法

教师对自读课文阅读结果的评价，实质上是对学生自学能力的检查。 而自学能力的检查，又是通过对具体知识的掌握情况和能力运用的结果分析出来的。 因此，在评价内容方面，仍然要涉及字、词、句、篇。 教读课文重在对读书方法的理解和记忆，自读课文重在模仿、运用读书方法，教师在设计检测方式、方法时，考虑应用性或综合性的练习为主，不能单纯地设计记忆性、理解性的练习内容。

(三) 自读课文的教学设计方法

1. "六步自学"设计模式

"六步自学"模式的具体环节是"定向—自学—讨论—答疑—自测—自结"。

（1）定向。 定向是指确定教学的主要目标、重点和难点、控制信息的接收范围、排除学习重点外的干扰及多余的信息。

（2）自学。自学是指学生依据教学目标、重点和难点自学课文，独立思考。基础差的学生完成部分自学内容，基础好的学生向深度和广度开拓，一般学生能自己解决百分之六七十的问题，不同水平的学生会各有所得。

（3）讨论。讨论是指前、后、左、右每四人一组，把在自学过程中遇到的不懂的问题提出来，互相讨论。在讨论中仍不懂的问题，可以留待下一步解决。

（4）答疑。答疑是指立足于学生自己去解决疑难问题，由每个学习小组承担回答一部分，各小组之间彼此交流、讨论，各组讨论仍未解决的或有分歧的问题，教师可稍加点拨或给予提示。

（5）自测。自测是指根据定向中提出的重点和难点，以及学习后的自我理解成果，由学生拟出一般可在10分钟内完成的自测题（也可由教师出题），学生相互检测，相互评分，自己检测学习效果。

2.“八步教读”设计模式

“八步教读”设计模式是指在课堂教学中，以学生自学和小组讨论为主的教学设计模式。具体程序如下：（1）默读课文，标节码（为自然段编号）、勾画生字难词；（2）查字典，查字、拼音、选义；（3）分小组朗读课文，听写生字难词；（4）个人钻研课文，写出分析草稿；（5）分小组讨论课文分析；（6）听教师分析课文；（7）个人写出正式的课文分析作业；（8）写读书笔记，熟悉或背诵课文。

第四章

▼
▼

做开放性阅读的领跑者

由于开放性阅读教学与传统阅读教学模式存在一定差异，所以在确定了有效的课堂教学模式与教学设计之后，我们有必要进一步探讨开放性阅读教学的方法，真正引领孩子们走进开放性阅读的世界，做开放性阅读的领跑者。

第一节　独立阅读培养独立思考

学生的独立阅读能力是学生语文学习的核心，教师要做到认真研读语文课程标准，了解当下教育的主要目标，在此基础上根据以往教学经验，结合当下教育要求，合理设计教学任务，明确各阶段教学目标。 教学目标只是抽象的概念，需要教师将其落实在实际工作中，加强方案的执行力度，从而培养学生形成良好的学习能力，掌握阅读教学的核心内容。

一、独立阅读能力训练

(一)提高学生对独立阅读意义的认识

根据心理学知识，提高对所从事活动意义的认识，有机体内部就会产生一种内驱力；内驱力可引起心理和生理上的反应，而这些反应可实现自身需求的满足。 教学中许多调动学习积极性的措施，实际上就是提供诱因，使学生把自己的行动指向预定的目标，具有集中注意、坚持不懈、提高对挫折的忍受性这样一些意志与情感方面的品质。 如果一个人对自己所做的事毫无兴趣，那么就难以付出持久的努力。 同样地，对独立阅读意义毫无认识的学生，对独立阅读毫无兴趣和需要的学生，也不会去努力从事这项活动，更何况独立阅读所面临的艰巨性远远大于教师指导下的阅读，没有足够的认识，他们就会表现出一种不能胜任的心理。

阅读积极性和阅读之间是典型的相辅相成的关系，绝非一种单向关系。 积极性能够以增强行为的方式来促进阅读，而学生所学到的知识反过来也可以增强其阅读的积极性。 总之，阅读积极性的高低和阅读效果的大小密切相关，积极性高的学生的阅读效果总是远远胜于阅读积极性差的学生。 那么，教师要怎样提高学生对独立阅读意义的认识，调动他们独立阅读的积极性呢?

第一，结合具体事例，提高学生对独立阅读意义的认识，让他们看到，增强独立阅读能力不仅有利于当前学习，而且也是科学迅速发展形势的需要。 第二，尽可能使学生学得好些、扎实些，确保他们学习上的成功。 因为学习上的成功，会增强学习积极性。 第三，逐步增加学生独立学习的程度，帮助学生制定切合实际的目标，安排的作业要适合每个学生的能力水平，使积极性差的学生与积极性高的学生获得同样的作业成就，注意尽可能避免挫折和失败，因为挫折和失败会引起精神负担，降低学生的积极性。 第四，尽量采用一些外部因素刺激学生的积极性，如进行能力测定，开展有关竞赛、游戏，配合阅读参观访问等。 第五，对能力差的学生及时提供有力的辅导。

(二)结合阅读教学,逐步教会学生阅读的方法

培养独立阅读的能力，除了培养学生的积极性，让学生掌握认读的方法，理解词、句、段、篇的方法以及理解不同文体的方法外，还要注意以下两点。

1. 安排好三类课文的教学

教师要安排好三类课文的教学时间，即讲读课文、阅读课文、独立阅读课文的教学时间。 对于它们所占课数的比重，从低年级到高年级，第一类课文应逐年适当减少，后两类课文应逐年适当增加，目的是培养学生独立学习的能力。 教学中要体现“教—扶—放”的精神。 以讲读课文为例子，教给学生理解的方法和读书的方法，进行种种基本功的训练，如朗读、默读、复述、分段、归纳中心等。与此同时，教给学生有关字、词、句、篇、语法、修辞、逻辑、文体的知识，进行思想品德、思想方法的教育；再指导学生在其他两类课文学习中熟练基本功，实际运用这些方法。 对于独立阅读课文，教师更应大胆放手让学生自己去阅读，只要抓住读前指导和读后检查辅导这两个环节就可以了。

2. 重视学生的预习工作

预习是一种独立阅读的形式，是学生在接受教师指导前，先独立地对学习材料进行阅读、思考、扫除文字障碍等活动。 目的在于熟悉课文，初步理解课文，独立地解决部分疑难，并把无法解决的难点提供给教师以求指点。 有了学生的预习，教师就可以把精力集中在难点和重点方面。 学生在预先独立钻研的情况下听课效率也会更高。 但是为了提高预习效率，教师对学生的预习进行指导也是不可

少的。教师需要告诉学生预习时要运用平时学到的阅读方法，抓住文体的特点，并按一定的步骤进行。教师在指导学生预习时还要着重注意以下几个方面。

第一，预习的项目的多少和深浅程度要随年级升高和学生能力的提高有所变动。小学低年级学生阅读能力低，只要求他们反复朗读课文，熟悉课文，思考课文主要内容即可。中高年级学生除了熟读课文，解决生字新词外，还要抓住基本功的训练。例如，某个阶段基本功训练重点是“划分段落”，预习的重点也应该落在这里，不能要求学生预习每一篇课文都做到面面俱到，否则势必会增加学生的负担。

第二，预习中要指导学生在文章上进行“点、画、批、注”，养成“不动笔墨不看书”的习惯。如在重点词下点点，在重要的句子、优美的句子下画线，为文章划分段落层次（用“//”记号），概括出段落大意和中心思想。批和注是指在文章的旁边，对文章的内容、写作方法，别具特色之处写上自己的观点，有疑问的地方打个“？”号，重要的体会或三言两语难以表达清楚的也可以写在笔记本上……这是一种重要的读书方法，保证了学生在读书时可以做到眼到、心到和手到。但是有的教师为了追求课本的清洁，反对学生在课本上做记号，让学生把预习内容写在预习本上，这在一定程度上增加了学生的负担，是一种不可取的做法。

第三，预习应以课内为主，适当地逐步推向课外。课内预习时，学生遇到困难，能得到教师的及时指导，减轻课外负担，有利于全面发展。另外，课内预习，可以减少教师的讲解时间，客观上可以使教师主动改进教学方法，提高课堂利用率。待学生具备一定的独立阅读能力后，再逐步要求学生课外完成一定的预习项目。

第四，预习要有检查，以便了解学生的理解程度和难点所在。检查一方面可以调整教学计划；另一方面能督促学生认真预习，养成习惯。

3. 开展一些获取信息的技能和品质训练

阅读过程中，为获取信息，学生除了要在遇到生字时能准确、迅速地查找以外，还应该掌握一些寻找资料的途径和方法，如利用图书馆就是一个较好的方法。特别是对于高年级学生，利用图书馆并了解它的一般设施，掌握普通的图书分类法，熟悉借阅图书的规章制度，学会翻检图书的方法以及了解图书资料索引的用法等，这些都是帮助他们完成预习的必经之路和有效措施。

敢于和善于向他人求教也是一个不错的方法。培养独立阅读的能力要提倡独立思考，但不等于禁止向他人求教。“三人行必有我师”，勤学好问是人类的美德。爱因斯坦说：“提出一个问题要比解决一个问题更重要，因为解决一个问题，也许仅是一个数字上或实验上的技能而已。而提出问题，是从新的角度去看旧的问题，却需要有创造性的想象力，而且标志着科学的真正进步。”

二、培养独立阅读能力应注意的事项

(一)培养独立阅读能力,教师要发挥主导作用

培养学生独立阅读能力，不能排除教师的主导作用。因为小学阶段，儿童正经历着一个从不知到知，从知之不多到知之较多的发展阶段。在这个阶段中，对他们施以有目的、有计划的培养、教育，是促使他们发展的保证。因此，教师不能错误地认为培养独立阅读能力就是放任不管，顺其自然。教师仍然要很好地发挥自己的主导作用，立足在“培养”二字上，要做好下列工作：一是调动学生学习的积极性、主动精神；二是对教学内容的重点、难点进行必要的讲解；三是对学生的学习方法、思维方法进行正确的指导；四是有计划地组织学生练习；五是检查学生的学习效果；六是对好生和差生采取相应的措施，使他们都能充分发展。

(二)独立阅读能力的培养要循序渐进

独立阅读能力其实包括许多方面和若干层次，形成独立阅读的能力绝非一日

之功，小学生又处在逐步发展的阶段，这些阶段之间又有较大的差异性。因此，教师在对学生进行能力训练的时候要注意这两者的对应关系，要同时考虑训练项目的实际和学生的实际，注意训练的连续性和阶段性，避免提出不切实际的过高或过低的要求，有计划地促使学生由低层次逐渐向高层次，由单方面逐渐向多方面发展，为以后最终达到真正的独立阅读打好基础。（如图 4－1）

图 4－1　独立阅读

第二节　读写结合奠定阅读能力

一、读写结合的重要性

阅读和写作，虽然一个是理解、是吸收，一个是表达、是倾吐，但都有内向和外向之别，运用的形式都是语言材料，认真写作又能促进阅读。

(一) 读对写的作用

人们一致认为，读是写的基础，阅读教学是写作教学的前提。 这是因为，学生的写作基础，虽然不只是阅读，但却一点也离不开阅读。 具体原因如下：

第一，学生写作能力的培养，固然还需要其他条件，如扩大直接见闻，丰富感性认识等，但由于他们直接经验的范围有限，就不能不更多地借助阅读获得间接经验，以开阔视野，增长知识，提高认识。

第二，要培养学生的写作能力，还要树立正确观点。 而正确的观点，不单是从生活实践中来，还要从书本中来。 学生能够从课文中感受到正确的观点和立场教育。

第三，阅读能提供写作方法的范例，使学生的写作有所借鉴。 这一条比起其他条件来，是更有直接意义和作用的。 假如没有它，即使其他条件再好，也只能是“心中有，笔下无”。 因此，要提高学生的写作水平，首先一定要提高阅读水平。

(二) 写对读的作用

写作是检验阅读的尺度之一，是阅读教学要达成的一个目标。 检验阅读的尺度，虽然并不限于写作，而阅读教学要实现的目标，也不止写作一项，但写作毕竟是一个重要尺度，是需要花费大气力才能达成的目标。 学生的语文学得怎样，作文是衡量的重要尺度。

二、读写结合的有效教学途径

(一) 阅读中指导写作的途径

在阅读教学中，既要学生从阅读中学习阅读，又要从阅读中学习写作，使读和写的能力同时得到发展，可以从如下两个方面进行。

第一，教师在指导阅读的过程中，要针对学生的写作实际，提示写作的途径和方法。这就需要引导学生在读的时候进行如下思考：作者是怎样观察事物和提取题材的，是怎样确立观点和突出中心的，是怎样循着既定的思路安排结构的，是怎样选择词语和运用句式的。这样就能使学生在阅读时思考作者是怎样写出这篇文章的，并从中得到借鉴，提高自己的写作能力。

第二，教师要在指导阅读的同时，组织必要的和可能的书写训练。“读十遍不如抄一遍”，手到比眼到、口到更重要。教育家徐特立有一条宝贵的读书经验，叫作“不动笔墨不读书”，反映了读和写的不可分离性。他在《小学教师自学经验谈》一文中说：“我读中国的旧书，总是在重要的地方画上线，以便记忆和复习。有时选出重要的句子抄在本子上。”这条经验，尤其适用于阅读教学。因为，成年人的读书目的多半在阅读本身，而中小学的阅读教学，其目的多是既在阅读，又在写作。这样一来，阅读过程就应该伴随着写，阅读教学也应成为既读又写的过程。

那么，在指导阅读时，应该和可能进行什么样的书写训练呢？其实，学生在读的每一阶段，都可进行内容不同、分量不等的书写训练。

第一，在泛读阶段，学生可以标记课文大意，标记字词，标记初读后印象深刻的地方，以及学生自己认为是重点、难点的地方。

第二，在领会词语和段落阶段，学生可以标记或抄写重点词语和精彩句子，可以编写段落提纲，可以就词句和段落写评语，可以书面提出问题。

第三，在指导概括主题阶段，可以用笔记中心思想，可以用文字回答问题（比如回答关于人物、事物和景物描写特征的问题），可以标记或抄写表达主题思想的句子和段落。

第四，在练习应用阶段，应该使可能进行的书写练习，内容更为广泛、形式更为多样。 凡书面的练习，如语法练习、修辞练习、听写、默写、抄写、缩写、扩写、改写、仿写和写感想短文等方法都可以采用。

在阅读教学过程中，进行上述一类书面作业，会不会妨碍阅读？ 这就涉及阅读教学的方法和途径了。 也有人会问，在阅读教学中，通常采取的只是讲和读或者再加上口头提问的做法，是否就是最可取的方法？ 这种和写作训练脱离的做法，是否有继续存在的价值？ 回答当然是否定的。

(二)写作中指导阅读的途径

在写作教学中如何指导阅读呢？ 这需要兼顾两个相互关联的方面：一方面，要以一定数量的范文为效法的依据；另一方面，要指导学生进行模仿性的学习。 教师要通过这两个环节的联结，有力地促进学生写作能力的提高。 前一方面，需要以课文为基础，适当补编一些适于模仿的范文；后一方面，则需要在写作指导上做出努力。

指导学生模仿范文，十分必要。 写作脱离范文，不仅不利于写作，而且会导致写作能力的弱化，还会使学生形成一种错觉，以为写作可不必从范文中汲取营养，写文章可以是另一回事。 其实，不仅是学习写作，就是其他任何领域，从古至今，人类就没有停止过模仿，从最初无意识的模仿，到后来逐渐转向有意识的模仿。 人类学习语言的过程就是模仿的过程，不过在学校教育过程中，变得更为自觉罢了。

这里所说的模仿，当然是创造性因素越多越好。 模仿的目的就是为了创作，因此应把模仿和创造结合起来，把模仿指导和创造指导结合起来。 学生模仿时，有可能出现机械模仿现象，这也许是一般必经的过程，至少不足为病。

模仿的内容，可以是整体的、全面的，不过最好是从局部训练开始，这样更易进行和更易见效。 局部模仿有语言模仿（词汇模仿、语法模仿、修辞模仿）、结构模仿（并列结构模仿、对比结构模仿、演进结构模仿、曲折结构模仿）、取材模仿、立意模仿、人物描写模仿、事物描写模仿、景物描写模仿以及体裁模仿等。

至于怎样的模仿指导才是最有效的，还是个有待积累经验和深入探索的问题。不断地集中指导模仿某一作家或某一种体裁的文章，也许最有助于学习那个作家或那种体裁的表达特点，但小学阶段只有学生的写作达到一定的水平后才可以相对集中地学习某一作家或某一体裁的文章。

第三节　阅读能力品质化培养

一、激发浓厚的阅读兴趣是阅读能力品质化的基础

“兴趣是最好的老师”，培养学生阅读的兴趣是培育学生阅读品质的基础。陈宝铝老师在《本色语文》一书中写道：“语文教师应当以自己的‘悦’读，引领和激发学生的‘悦’读。只有学生全身心地进入和谐的‘悦读’和‘研读’的境界，其语文的各方面素养才能不断地得到提升。”师生共读一本书或亲子阅读，都是很好的激发兴趣的办法。语文教师更要多花精力创设阅读环境，引发学生阅读兴趣，尤其是在小学低年级阶段，把学生领进“阅读之门”是每个语文教师的责任。

(一)营造浓厚的阅读氛围

兴趣是需求的内驱力，没有任何兴趣、被迫进行的学习会扼杀学生掌握知识

的意愿。 学生有了兴趣，才能从内心深处对课外阅读产生主动需要，才会以积极主动的心态投入课外阅读中。 因此，教师要努力激发学生课外阅读的兴趣，具体来讲可以有以下教学策略。

1. 选讲有趣故事

教师可选择益智等的故事，进行生动形象的讲述吊足学生的胃口，欲擒故纵，使他们迫不及待地想要阅读有关文章或书籍。

2. 精彩片段激趣

教师可以选取文中精彩片段，有声有色地向学生朗读，或介绍文章的开头、结尾精妙之处，来激发学生阅读文章的兴趣。

3. 影视片激趣

小学生形象思维占主导地位，特别是低年级学生。 相对于单调的书籍文字，动态的影视节目更能让学生产生浓厚的兴趣，如学生观看完动画片《大头儿子和小头爸爸》，就可以推荐他们阅读《大头儿子和小头爸爸》；看完动画片《孔子》，就可以向他们推荐《论语》。

4. 听录音故事激趣

教师可以利用早读课让学生听录音故事，也可以让学生上台分享他们自己喜欢的故事，还可以选择学生喜欢的故事进行生动形象的讲述。 例如，教师可以播放《景阳冈》的故事录音，但当学生听得聚精会神时，录音戛然而止，留下无尽的悬念，激起学生的阅读兴趣，让其自发地追寻书中的故事。

5. 学唱歌曲激趣

教师可以事先为学生播放《好汉歌》等电视连续剧的主题歌、插曲，要求学生学唱，激发其兴趣。 然后布置他们去阅读《水浒传》等相关故事读本。

6. 简介作者激趣

教师在给学生推荐《草房子》时，可以通过介绍曹文轩是我国第一个获得“安徒生童话奖”的作家，以此使学生对作者充满敬意、憧憬，从而使学生对他的作品充满期待。

7. 介绍作品的影响力激趣

在给学生推荐《爱的教育》时，教师可以介绍此书的售卖曾四十次告罄，发行量达到一百多万册，在短短的 20 年里，印刷了 300 多版；100 多年来一直畅销不衰，并且多次被改编为动画片、电影、连环画，读者遍布全世界。以此引发学生的好奇心。

（二）树立阅读榜样激趣

教师平时可以有意地在班中树立爱阅读的同学为榜样来激励学生，即统计学生在课上和课后的阅读数量，将平时阅读分享交流中的突出表现者树立为榜样，如伟大领袖毛泽东、语言大师叶圣陶、世纪老人冰心、诗仙李白等，以此鼓励学生。

（三）开展丰富的活动激趣

学校或班级可以定期举办各类主题竞赛，如故事大王赛，诗王竞赛，手抄报、读书卡、书签设计赛，成语接龙赛，古诗考级等丰富的活动，让学生体会到课外阅读的乐趣，以此激发学生课外阅读的热情。

（四）展示阅读成果激趣

小学生在进行课外阅读时，通常期望得到教师、家长、同学的认可与赞同，满足自己的成就感。 在实践中，教师可以采用“课外阅读成长记录袋”的方式，记录学生课外阅读的成果。

二、培养良好的阅读习惯是阅读能力品质化的关键

美国著名教育家吉姆·特利里斯曾深有感触地说：“我们过去重视孩子如何阅读，而忘记了教他们如何自觉自愿地想去阅读。”阅读习惯的培养在语文教学中有着举足轻重的地位。 具体来讲，教师需要从以下几个方面着手培养学生良好的阅读习惯。

(一)阅读的重要性和自觉性

让学生觉得阅读像呼吸一样自然，是他们生命成长过程中宝贵的财富。 毛泽东主席曾说：“饭可以一日不吃，觉可以一日不睡，而书却不可一日不读。”只有让学生意识到阅读的重要性，产生了阅读的欲望，他们才可能实现“悦读”，才可能随时随地地读，才可能进行有效的知识学习，阅读才能像呼吸般自然，这样才能形成一种自觉的习惯。 要使学生认识到阅读的重要性并使其具备阅读自觉性，教师需要从以下几个方面入手。

第一，依教学内容，推荐课外读物。 课外阅读材料相当广泛，古今中外文学史上的经典佳作浩如烟海，然而小学生的选择能力却是有限的。 因此，就需要教师在日常教学中推荐学生阅读与课文教学内容相关联的读物。 例如，统编教材人教版五年级下册“古典文学名著”这组课文学习后，学生通常会对美猴王的敢作敢为、神通广大津津乐道，对诸葛亮的神机妙算佩服得五体投地，对梁山泊一百单八将也饶有兴趣，这时教师就可以引导他们课后去阅读这些文学名著，班上自

然就会掀起读《西游记》、看《三国演义》、阅《水浒传》的学习氛围。 在学生最美丽的童年，帮助他们选择最美好的童年书籍，这样就能从课内教学很自然地过渡到课外阅读，达到课内外自然衔接，从而拓展学生的阅读视野。

第二，依学生兴趣点，推荐课外读物。 一本好书就是我们的良师益友，它会给予我们精神食粮，使我们的思想迸发出不一样的火花。 如《福尔摩斯探案集》《城南旧事》《窗边的小豆豆》《中华上下五千年》《影响世界的一百名伟人》《感动小学生的 100 篇寓言》等书籍适合五、六年级的学生阅读；简短精练的《苹果树上的外婆》《小学生必背古诗 80 首》《宝葫芦的秘密》《夏洛的网》《木偶奇遇记》《成语故事》等书籍适合三、四年级的学生阅读；《日有所诵》《格林童话》《安徒生童话》《蚯蚓的日记》《小猪唏哩呼噜》《中国古代神话故事》等书籍适合低年级学生阅读。 当然，还有学生喜欢《没头脑和不高兴》《一年级大个子二年级小个子》……

想让学生都喜欢上老师推荐的课外读物，需要做到以下几点：

一是班级课堂上设置课外阅读课。 在阅读课上关注学生的阅读情况，对出现的问题及时答疑、解疑，让学生掌握正确的阅读方法，提高阅读效率。

二是班级展开生生间合作阅读。 教师可以引导学生对他们所拥有的图书进行资源共享，激发学生的阅读兴趣。 学生读了同伴读过的书，就可以针对共同的读物展开交流，提高学生的阅读和交流积极性。 既达到丰富小学生的阅读量的目的，又可以培养他们互相交流探究的读书习惯，一举两得。

三是班级内举行读书实践活动。 教师可设计读书交流会的主题，选择一些具有代表性的优秀书籍，使他们在享受阅读的过程中更加热爱阅读，教师还可针对学生阅读的书籍，从阅读广度与深度两方面获得更好的效果，丰富其课外知识储备。

(二)阅读的专注力和持久力

张文质先生说："教育是一种慢艺术。"而众所周知，语文学习更要"慢性子"，要细嚼慢咽，要细细品味，阅读专注力和持久性是保证阅读过程有效进行的重要因素，提升阅读的专注力和持久力有以下几种方式。

第一，要让学生明确阅读的目的和要求，使他们产生强烈的义务感和求知欲。只有学生对名著阅读充满兴趣时，才会形成持续阅读的好习惯。这时教师就可以引导学生有目的地阅读名著了，使其带着目的进行阅读，明确自身想在阅读中学习到什么。例如，在整本书阅读指导过程中，教师可以指导学生阅读按照一定的顺序，从"封面→作者→作者生平→作者写本书的时代背景→内容简介→序言→目录→内容→后记"逐步阅读。在读的每一步过程中，根据阅读进度要求学生做好笔记，以备读后分享交流。

第二，要求学生克服"快""急"的阅读心理，避免走马观花、囫囵吞枣的阅读毛病。要培养学生良好的阅读习惯，教师就要在学生刚刚学会阅读的阶段，先要求学生静下心来读进去，最好同一本书反复多读几遍，正所谓"书读百遍，其义自见"。读书是一个漫长的积累过程，不能贪多求快，只要学生长期坚持，阅读的速度自然就快了，然后再求一个"量"的变化，因为阅读就是一个从量变到质变的提升过程。

第三，教师要严格要求，培养学生顽强的意志，养成长期阅读的习惯，关注书籍中智慧的语言，激发自己的阅读兴趣，在不同年级设计不同的阅读记录表。例如，一年级的阅读记录表重点是摘抄好的词语，数量不限，书写方式灵活；进入二年级后，在好词摘抄的基础上，再加入经典句子的摘抄，每天不少于五个词语，要求句子完整，标点符号运用准确。

第四，阅读的扩展性与深入性。在每一本书阅读完成后或者每个阶段阅读结束后，悉心思考作品所传递出的思想内涵、逻辑关系、框架结构、表达的感情等。

三、习得有效的阅读方法是阅读能力品质化的重点

“授人以鱼，不如授人以渔”，要让学生在同样的阅读时间里比别人收获更多的知识，使阅读的效果事半功倍。因此，教师要经常开设一些专题阅读指导课，向学生介绍一些读书方法。教给学生正确的阅读方法，引导学生学会阅读，让学生对阅读像走路一样自如。

（一）图文结合法

由于低年级孩子的年龄特点，其专注读书的时间是有限的。在看图读文的过程中，教师要在出示图画所配的文本前，先出示图画，引导学生认真观察画中的内容，让他们说说看到了什么，激发他们的阅读欲望，然后再出示文本，使图文紧密结合，这种方法就是图文结合法。此法适用于低年级学生所阅读的图文并茂的绘本，情节生动的童话故事，等等。

（二）巧问猜读法

在绘本教学时，教师可以先让学生看封面和封底，让学生细心观察，问学生都看到了什么，鼓励他们猜想这个故事的内容。然后，教师再循序渐进创设情境精巧的提问，鼓励学生进行预测，设下悬念，激发学生继续阅读的动力。例如，在《大脚丫跳芭蕾》阅读课上，教师依据图画内涵丰富、文字简洁而意蕴深长的彩绘本特点和二年级学生有一定观察和思考的能力，还有想象力丰富的学情，创

造开放性阅读氛围，放手让学生观察图画，给学生留足时间来猜读故事，让学生由图画想象人物的心理。

教师可以设计精彩的提问，指导学生猜读，孩子是想象的天才，在他们的小脑袋瓜里，什么样的猜想答案都可能发生。这个方法同样可以运用到很多题材类型的阅读中去，而且不单单适用于低年级学生，中、高年级学生在自读时同样可以使用这种方法。例如，看到一个标题时学生通常会做出如下设想：作者会写些什么呢？会怎样写呢？故事情节会怎样发展呢？看完文章后，他们就会进行总结，哪些是“英雄所见略同”，哪些是“出乎意料之外”，哪些又是“殊途同归”，通过比较就能开扩自己的思维，巩固已有的知识。因此，这种方法也被归纳为“巧问猜读法”。

（三）夸张联想法

夸张联想法主要是以续编故事、改写故事的形式。例如，教师在指导学生阅读《中华神话故事》《希腊神话》时，可以抓住神话故事富有联想的特点，让学生进行大胆的续编或者改写，从而培养其创新思维。

（四）诵读积累法

诵读积累法要求学生随时准备好笔记本，记录阅读中发现的优美语句，并时时背诵存进自己设立的“素材库”中。

（五）读书笔记法

“读书笔记法”是指学生在阅读书籍或文章时，遇到值得记录的资料进行摘录抄写或对书的内容进行归纳，也可以将自己的心得、体会随时随地写下来的阅读方法。

（六）浏览性泛读法

对大部分浅显易懂的书或阅读价值不高的书籍报刊，看目录、标题、前言、提要、内容、后记等，以求在有限的时间内获取更多有价值的信息。我们在所有的整本书阅读前，都可按读封面→读作者→读序言→读版本历史→读时代背景→读主要内容简介→读目录这样的顺序大致翻翻，了解梗概。这就是“浏览性泛读法”，也叫粗读或略读。

（七）精读三步法

精读多指学生深入地去阅读一篇课文，从文章重点词句、作者的谋篇布局、文章的立意构思、文章的语言文字和思想情感等多个角度去解读课文，从而更全面地认知课文。特别是名篇名著和其他文质兼美的优秀作品，都需要学生进行品味性精读，此时使用“一读知大意，二读品细节，三读深感悟”的精读三步法最为适合。我们以《二年级的老师》一文为范例，来看一下精读三步法的具体流程。

1. 一读知大意

同学们初读，进行整体感知，明确故事中主要人物是谁，主要讲了一个什么故事。

2. 二读品细节

同学们精读，画出感悟最深的句子，找出好词佳句，品文章的精妙之处；写出感受，在旁边做上批注。

3. 三读深感悟

同学们再自由朗读小故事，说说故事带给自己的感受是什么？让自己联想到了生活中的哪些人、哪些事?

(八)品读赏析法

品读赏析法是指在语文学习活动中，学生通过阅读赏析优秀作品，品味语言艺术进而丰富情感的阅读方法。 这种方法经常被运用在阅读经典名著、古典诗词中，进而可以仔细体会经典名著的语言艺术美。

(九)对比阅读法

阅读不是孤立存在的，教师在指导学生阅读书籍时，可以把题材相同的文章对比阅读，也可以将不同文体的文章进行对照比较或者将不同作家的相同风格的作品进行比较阅读，把启示意义相近或相反的故事进行对比阅读，让学生在阅读时进行反思，在不断地进行举一反三的过程中得到阅读能力的增强，以提高小学生的思辨能力，使学生能够汲取到更多的知识营养。 例如，我国作家丰子恺所作的《白鹅》和俄国作家叶·诺索夫所作的《白公鹅》，同样的描写对象，同样的题材，不同的作家，其创作风格自然也不一样。 通过比较阅读，学生发现，在丰子恺的笔下，白鹅俨然是一位高傲而固执、忠实又可爱的朋友，其文章语言幽默风趣，运用了对比的手法，看似贬，实则褒，表达了作者对鹅的喜爱之情。

四、阶段阅读指导课是阅读能力品质化的桥梁

平时，教师经常可以从家长那里得到有关学生在课外阅读时存在的问题的反馈：阅读的能力还是没有得到提高，孩子在大量阅读之后阅读品位还是不高，缺乏自己的个性化理解与真实的体验感悟……以上症状，很大程度上还是教师指导

的缺失造成的。教师没有意识到课外阅读指导的重要性，课外阅读指导课目标指向不清，过于笼统、模糊，没有触及课外阅读指导的核心与根本，阅读指导的方法策略不得当。基于这些问题，我们分析一下原因不难发现是教师不去关注学生的阅读状况，而全凭自己的兴趣、自己的想当然对学生进行指导，导致课外阅读指导缺少针对性，教师用自己的阅读替代了学生的阅读。基于对上述问题的分析，结合儿童的实际阅读情况，可以发现学生的课外阅读一般都要经历以下三个阶段：一是自由阅读前热身阶段，二是精确阅读中积累阶段，三是提升阅读后运用阶段。

学生可以表达自己独特品鉴感受和收获，或是将自己写的读书笔记和读后感拿出来进行读书分享活动，以此检查自己读书的成效。

根据阅读三个阶段的特征进行分析，教师先要明确学生课外阅读指导的目标。例如，这一节课是要培养学生阅读的兴趣，养成良好的阅读习惯，基于儿童视角，针对学生的阅读实际情况，按课外阅读先后顺序可以将指导课分为四种不同课型：阅读前激趣推荐课、阅读中得法推进课、阅读后赏析交流课、阅读后分享展示课。

（一）课外阅读指导课型的一般模式

1. 阅读前激趣推荐课

阅读前激趣推荐课更多适用于低年级学生的绘本、童话等故事，其教学基本流程为：提出教学目标—教师激趣（图文结合法、巧问猜读法）—联想品读（方法指导）—自由赏读（拓展迁移）。

2. 阅读中得法推进课

阅读中得法推进课需要结合各年级课外阅读目标确定阅读中方法推进课的教

学侧重点，其基本流程为：提出教学目标—讲解阅读方法（精读三步法、批注摘记法、背诵积累法）—范文引导—练习巩固。

3. 阅读后赏析交流课

阅读后赏析交流课上，学生或是品读整本书，或是品读精彩章节，或是品读写作手法等。此课型更适合高年级学生，其教学基本流程为：提出教学目标—选择内容（诵读赏析法）—总结提炼—品读分享（拓展迁移）。

4. 阅读后分享展示课

阅读后分享展示课是指在学生阅读完作品，完成赏析交流之后，班级内开展阅读汇报、分享、展示、讨论和交流活动。此课型更适合高年级学生，其教学基本流程为：提出教学目标—开展活动—展示成果—评比提高。

(二)课外阅读指导课型的目标及教学方法与策略

1. 阅读前激趣推荐课

（1）阅读前激趣推荐课的教学目标。

对于中年级学生，阅读的形式可以逐渐丰富，文本篇幅逐渐增加，文体也可以更为多样，从儿童版经典名著逐渐向原著过渡；阅读的内容方面，可以从单纯的绘本和故事性较强的童话故事等读物逐渐向内容多样化的阅读文本发展，如实用性文本、非连续性文本等，特别是校园小说与学生的生活更为贴近，学生对这一类型的读物会更加爱不释手。小学高年级阶段，教师可以引导学生尝试更多的经典名著阅读，给学生更多的阅读自主权，让其进行自由选择。

（2）阅读前激趣推荐课的教学策略。

阅读前激趣推荐课的课堂教学核心是激发学生的阅读动力。这个环节的指导在教学的方式和手段上要多样化，教师可以借助多种方式来激发学生的阅读兴趣。如教师在《大头儿子和小头爸爸》推荐阅读前，先播放一首曲调欢快的动画片的主题曲，让学生猜动画片名，接着播放动画片片头激起学生的兴趣。然后教师顺势而问："现在老师手上有这样的一本书，你们想看吗？"然后学生就迫不及待、兴致勃勃地看起了书。这样，读前激趣推荐就达到了预期的效果。

2. 阅读中得法推进课

（1）阅读中得法推进课的教学目标。

一是培养学生习得阅读方法。培养学生习得阅读方法是课外阅读指导课的重点。

二是继续激发学生的阅读兴趣。在这个阶段，教师还要进一步进行指导，激发学生的阅读兴趣，帮助学生掌握相应的阅读方法，使学生能读懂文本，让文本自身的魅力来激发学生阅读的兴趣，从而避免中途放弃阅读、无法坚持的可能性。

（2）阅读中得法推进课的教学方法与策略。

第一，注重课内外阅读教学的异同点，实现课外阅读指导的教学价值。

第二，重视课外阅读的个性化策略。课外阅读整本书的策略与课内阅读的策略相比有其不同之处。

在《爱的教育》整本书阅读策略指导中，教师可以教学生以"读封面→读标题→读作者→读序言→读版本历史→读时代背景→读主要内容简介→读目录→读后记"的顺序，大致翻翻、了解梗概，这种读书方法就是"浏览性泛读法"，也叫粗读或略读。学生对大部分浅显易懂的书或阅读价值不高的书籍报刊可采取浏览性泛读法，以求在有限的时间内获取更多有价值的信息，这也就是诸葛亮"观其大略，择要吸收"的读书经验。如我们平时读报时的阅读顺序，就是先通看所有版面，略知全部内容后，再抓住兴趣点或重点细看，掌握文章内容。

3. 阅读后赏析交流课

（1）阅读后赏析交流课的教学目标。

阅读后赏析交流课其实也是一种方法指导，它与课外阅读方法推进课处于不同的阅读阶段，指导学生阅读的目标也不一样，所以要将它同课外阅读方法推进课区别开来。阅读后赏析交流课的教学目标如下：

第一，关注语文阅读教学的大目标，提高阅读的品位。学生的课外阅读不能止步于读懂，而阅读后赏析交流课的主要目标就是提升学生的阅读品位，在推进指导课的基础上，进一步让学生感受作品从内容到形式的精妙，激发学生的学习兴趣。

例如，在《三打白骨精》课外阅读赏析指导中，教师可以引领学生抓住引人入胜的故事情节，以及孙悟空“三打”白骨精“打”的一系列动作，让学生反复琢磨、品读这一部分内容，使孙悟空机灵、敏捷的独一无二的人物形象，在学生脑海里烙下深深的印象，引导学生思考作者是用怎样的手法将孙悟空的形象表现出来的。再让学生关注白骨精的“三变”，体会文中又是怎样表达出白骨精狡猾的形象特点，从而初步体会小说类型的语言艺术，学习品读赏析的方法。在赏析、品味完这部分内容之后，教师可以继续发问：“同学们有没有发现，这里作者为什么是三打、三变？而不是四打、四变或五打、五变呢？在《西游记》或其他的名著中还有这样类似的写法吗？在你们阅读名著的经验里有感受到这样写法的好处吗？”教师这样提问之后，学生就会纷纷发言，举出一些相类似的例子，如“凡事不过三”“文章要一波三折”……

第二，继续激发学生对阅读的兴趣。在“语文”价值赏析的基础上，从兴趣的心理分析，审美鉴赏阶段是学生阅读的一种内在心理需求，当学生逐渐形成对阅读内在心理需求的时候，阅读兴趣就比较稳定了。

（2）阅读后赏析交流课的教学策略。

学生阅读之前的精彩片段推荐和阅读之后的精彩片段赏析，在教学指导的目标和策略方面都是不一样的。推荐课的片段推荐重在激趣，赏析课的片段推荐重在赏析、品鉴。具体来讲，课外阅读赏析交流课的教学策略主要有以下几点。

第一，根据不同学段学生的品鉴赏析内容，进行针对性赏析交流。低年级学生可以从用词准确、句子的生动形象方面来感悟，教师可以从情节复述，体会故事内容、感知人物形象、感受语言韵律特点等方面入手，对课文进行品鉴赏析。如在《没头脑和不高兴》课外阅读指导中，教师可以将低年级学生的学习重点——词句的教学，作为赏析品鉴课的核心，多停下来让学生积累优美词句，并让他们说说为什么要积累这些词语，说说自己的理由。这样就可以引导学生从用词准确这方面来学会赏析。当学生积累了一定数量的比喻句、拟人句之后，教师就可以趁机引导学生从修辞方面品鉴赏析句子的精妙。这样赏析的种子就悄无声息地种在了学生的心间。

中年级学生开始慢慢过渡到对作品情节、人物的赏析。如在《爱的教育》的阅读教学中，学生可以通过阅读，寻找关键句，了解和卡罗纳有关联的故事情节，然后读懂了卡罗纳的性格特点。

高年级学生则可以开始初步赏析整本书的语言形式及风格方面的特点。如教师可以在上“走进名著——《水浒传》”一课时，引导学生感悟第四回“花和尚大闹五台山”和第三十八回“李逵初见宋江”幽默风趣的语言风格；第十回“风雪山神庙”和第二十三回“武松打虎”简洁明快、形象生动的语言风格特点。文中塑造了一百零八位个性鲜明的英雄好汉，教师可以让学生交流自己喜欢的英雄人物形象，告诉学生这些好汉的粗犷美对后来明代的英雄传奇小说也产生了一定的影响，进而有意识地搭建一个从低年级到高年级，“从点到面”循序渐进的阅读指导的梯度策略，从而达到提升学生课外阅读品质，让学生在课外阅读中灵活运用，举一反三。

第二，赏析课要体现课外阅读的特点。 课内外阅读赏析有其不同之处。 如在《轻叩诗歌大门——走近李白》的诵读赏析课，教师可以这样安排教学过程。

教师谈话导入激趣：是的，在咱们这个诗歌的国度中，李白是浩瀚星海中最为璀璨的一颗，这节课就让我们继续叩响诗歌的大门——走近李白的上一节关于李白的古诗欣赏课。

借助学生课前收集的零散的资料的简介，顺势提炼出对“谪仙”及《寄李十二白二十韵》的简要解读，促进学生对李白的初识。

过渡：作为诗仙和酒仙的李白，所创作的诗和其他诗人有什么不一样呢？ 让我们一起走进李白的世界，感受他诗作中的“惊风雨，泣鬼神”的语言魅力。

通过对《望庐山瀑布》《秋浦歌》《答湖州迦叶司马问白是何人》的理解，赏析李白诗作的美妙意境与独特的表现手法，领会李白的艺术手法之精妙，初步体会“诗仙”的内涵。

过渡：李白虽是诗仙，但他也是个人，那么，李白会有怎样的凡人情怀呢？让我们以诗为证，再次领略诗仙的“惊风雨、泣鬼神”的魅力吧！

阅读过程：（1）诵李白凡人情怀——思乡——《静夜思》《春夜洛城闻笛》；（2）诵李白凡人情怀——珍惜友情——《赠汪伦》《闻王昌龄左迁龙标遥有此寄》《送孟浩然之广陵》；（3）诵李白凡人情怀——孤独——《独坐敬亭山》。

借助美妙的音乐背景，通过以上三组六首诗作的诵读，使学生了解到李白作为一个凡人的情怀。 李白也十分孤独，渴望被人赏识、被人了解，为朋友的分别而依依不舍。

教师总结：李白无论是处在“仙”的高度，还是回归人的本真，他的诗作洋溢的尽是雄奇、飘逸、豪放的色彩。 同学们，这节课不是一个结束，而是一个开始，希望大家在接下来的学习中，能学着老师这样找几首风格相似的诗去诵、去品，走近李白，走近更多的诗人，继续叩响诗歌的大门，继续畅游诗海。

课后拓展延伸，布置作业：（1）收集李白或喜欢的诗人的诗作，读一读，品一品，感受诗人的情怀。（2）阅读《李白传》《李白之诗酒人生》《话李白》《康震说李白》。

在上述案例中，教师以“走近李白”做铺垫，教授阅读方法，激起学生欣赏感悟、徜徉诗海的兴趣，为学生长远的学习打下基础。活动目标由“教给学生知识”向教给“学生方法”转换；教学目的由“完成任务”向“促进学生终身发展”转换。因此教师要在课堂上尽量让学生主动参与，更多地让他们体验成功的喜悦。这样做，课堂焕发了活力，学生在学习中获取了独特的感悟，进行了心与心的碰撞，丰富了师生的精神世界。这正是：“教育的艺术不在于传授知识，而在于唤醒、激励和鼓舞。”“是语文，又远远超越了语文。”“这样的课，课程内容呈开放性，能提供给学生丰富的文化信息，引导学生吸纳和辨别各类异质文化。”

第三，赏析的教学形式可以多样化。赏析交流课更多的表现形式还是在于口语方面的表达，在赏析的形式上较为单调。在时间上，可以在每天语文课前三分钟进行好书推荐、美文欣赏、诗词诵读等，也可以分享一个故事、一点收获、一点知识、一则新闻等。

4. 阅读后分享展示课

这一课型应该是发生在学生阅读完作品之后，完成了赏析指导，在这个基础上开展的阅读汇报、分享、展示、讨论和交流活动，这阶段更多的是进行书面表达作业的展示。

（1）阅读后分享展示课的教学目标。

一是学生分享阅读感受、阅读心得，再写成读书笔记等形式，体现个性化阅读的特点。一方面教师可以及时了解学生的阅读状况；另一方面，分享阅读之后独特的价值体验。

二是进一步培养阅读的兴趣。这个阶段由于在分享过程中获得了阅读成就感，体验到了成功的快乐，有助于培养其阅读的自信。

（2）阅读后分享展示课的教学策略。

第一，分享课的形式可以多样、灵活，以活动课为主，开展各种读书竞赛活动。第二，分享的内容兼顾形式，更多地以书面形式展示。刘老师执教的《如何有效批注》就是针对性地教给孩子怎样作批注，教给中年级学生的批注可以有几种方法，可以在哪些地方进行有效批注。上完了这节课，学生就能很明确地知道不管是课内还是课外，掌握正确的批注方法。高老师执教的《如何做好读书笔记》也是如此，学生在课堂上学到的方法，现学现用，把最后的成果在“班班通”上展示出来，或者他们写的阅读心得——读后感，被当成了范文来读就特别有成就感。

课外阅读得法于课内，得益于课外。在研究过程中以“课堂”为主阵地，我们有意识地搭建一个从低年级到高年级，“从点到面”循序渐进的阅读梯度，激发阅读兴趣，养成阅读习惯，习得阅读方法，从而达到培养学生课外阅读的能力，使学生形成属于自己的阅读品质，让读书逐步成为学生生活中的一种习惯、一种需要、一种享受，学生也把读书当成一件幸福的事。

总而言之，培养良好的阅读品质是一个综合工程，明确培养阅读品质的目标，加强教师、学生、家长三者间的联系，大力推进素质教育发展。

第五章

▼
▼

开启开放性阅读活动的学程之旅

在开放性阅读教学中，丰富的阅读活动是强化阅读教学效果的重要手段。在众多阅读活动中，研品学程是最具开放性阅读特征的，最能开阔学生“阅读边界”的。但是，学生在开阔阅读边界之后，可能会出现“贪多嚼不烂”的现象，此时教师就要有意识地引导学生，做好整本书阅读的规划与反思。另外，教师也要注意开放性阅读活动中学生对阅读材料的选择，即教会学生判断书籍的阅读价值，实现有意义的阅读评价。

第一节　研品学程

教科书是每一位学生认识世界、提升素养的媒介，而五彩缤纷的世界是学生的人生教科书。丰富多彩的世界是最好的教科书，丰富多彩的社会是最好的老师。

小学生应在教师的指导下，走出教室，走进社会，走进自然，在参与社会实践活动中，锻炼胆略，学会与人交往的艺术，体会到知识的应用价值，提高综合实践能力与素养，陶冶情操。小学应秉承科学发展观的统筹兼顾原理，开展基于儿童视角的研品学程研究，努力建立“生活即教育”“社会即学校”的教育体系。

一、基于儿童视角的研品学程建设

一直以来，儿童是作为研究对象而存在的。基于“儿童视角”，就是把学生作为研究的主体，作为其自身生活、学习的主体，倾听学生的声音，彰显其作为研究主体的生活体验和意义建构。基于儿童视角的研品学程建设就是一种经验性课程，是基于学生立场，转变教师观念，追随学生经验，满足学生需要，并在教师支持下主动和谐发展的校本课程，其建设的核心意义在于学生主体价值的实现，促进学生健康、自由地成长，达成的最终目标是“写好人生每一笔，做大家学子，成国之栋梁”。学校需要通过有效开发课程，积极探索基于儿童视角的研品学程，打造适应素质教育要求的课程体系，促进课程目标达成，完善课程提供实践依据和理论基础。

研品学程需要跨越时间、空间，因此需要设计一个规划，表明学程的决策和组成部分间的相互组织和调整。通过把学程的内容与时间上和资料上的限制相联系，决定对象、内容和学习行为的组合，为教育参与者提供方向指导。

二、课程开发工作包含的项目

一是核心课程的高效使用。基础教育变化的需求，学校学习和课程受社会快速变化的影响，这些变化要求学校具有适应性，并使用适应性课程。

二是重组学科知识。新技术、科学教育、生物技术等学习新领域，必须在课程开发中加以考虑。

三是加强计算机素养。从 20 世纪 80 年代开始，不同国家将信息通信技术整合到课程中。

四是研品学程。结合学生身心特点、实际需要、接受能力，为学生全面发展提供良好的成长空间。

三、研品学程的研究与开发

中国的研学旅行形态在孔子时期便已出现，但真正意义的发展要以 2013 年国务院办公厅发布的《国民旅游休闲纲要（2013—2020 年）》正式提出“逐步推行中小学生研学旅行”为起始点。学校从以下六个方面着手设置研学旅行课程。

第一，有效整合游学资源，提升学生的研学旅行活动品质。在进行研学旅行的具体研究中，学校不断对各地中小学研学旅行的开展提出具有针对性的要求。研学旅行的主要目的是立德树人和人才培养，不断以深化改革和政策完善作为游学的着力点，将重要的旅游资源以及学生的具体情况进行有效协调和发展，对游学资源有效整合，促使我国逐步建立更加完善的研学旅行发展体系。

第二，设计开发有质量的活动课程，保证研学旅行的育人效果。科学设计研学旅行活动，充分体现并具体落实培养学生的能力目标、情感、知识、态度、价值观目标和核心素养的目标，促进学生自身的素质提升。

第三，建立安全保障机制，落实安全保障措施，规范组织管理，带领学生走出校园研学旅行。我校建立行之有效的安全责任落实、事故处理、责任界定及纠纷处理机制，做到层层落实，责任到人。

第四，关注研学旅行的普及性、课程性、教育性、体验性以及公益性的特点，设计合理的旅行规划。首先是普及性问题，当前的研学旅行的对象是全体学生，多数研学旅行是以学校为单位而开展的集体活动，学校需要为学生创造必要的条件，让学生都有能够参加研学旅行的机会。研学旅行教育已经逐渐成为课程教学中的重要内容，不断提升自身的综合素养。在研学旅行的过程中，促进学校教育模式的转变以及学生的全面发展。另外，学校和教师不断对学生的教育需求进行深入研究和分析，管理和评价是推动课程实施的重要手段，课程管理与评价的目标是学校督促教师在一定的时期内与条件下所开展的教学活动达到预期效果的有效手段。这些手段也是保证研品学程有效开展的重要方式。

第五，整合自然风光、文物古迹和风俗民情等校外资源，为研品学程的实施提供丰厚的资源。例如，风景，家乡的特产、名人，家乡的方言，民风民俗，住宅变化，经济，等等。

第六，规范课程考察展示程序，形成制度。每个学期临近结束，学校就会进行课程考察展示工作，主要是课程微视频展示和项目研究课程现场答辩活动。

（一）观察即学程

世界是本最大、最厚的教科书，时时刻刻、事事物物都是值得我们观察学习、探究思考的。一路研学，一路成长，养成随处皆学问，信手拈文章的习惯，早日达到“读万卷书，行万里路，交四方友，写千篇文”的境界。

1. 观察家乡——平潭蓝（亲子研学）

研学流程如表 5－1 所示。

表 5－1　观察家乡——平潭蓝（亲子研学）活动流程图

年级	项目	地点
一年级	绿色生态	雕塑园——迷人的海边公园
二年级	红色传承	将军山——老将军张万年的英雄传奇
三年级	黑色科技	参观平潭国际海洋旅游博览馆
四年级	古色古韵	北港村“石头厝”的民俗文化
五年级	蓝色考古（寻根）	国际南岛语族博览馆（研究基地）
六年级	探索自然奥妙	海岛研究中心——了解海洋文化 （海西动物隔检中心——世界珍稀物种科普博览馆）

【附：学生作品】

研学“自然旅”——动物们的“福利院”

平潭城中小学六年五班　王娅菲

七月的盛夏，透蓝的天空，悬着火球般的太阳毫不留情地烤着大地上的一切。大家的心情如骄阳那般激情澎湃，因为我们要去平潭新建的进出境动植物检疫隔离处理中心进行研学活动。

踏入展览馆亮堂的大厅里，首先映入眼帘的是一个惟妙惟肖的长颈鹿模型，我仿佛能看到它在绿洲自由奔跑的矫健身姿，活力四射。

最令大家期待的是参观展示。进入了展示厅，看见形态各异、栩栩如生的野生动物标本，我们就仿佛置身在“动物世界”里。我站在护栏外，伸长脑袋向标本场景里探望。羚羊走路时的优美姿态，健壮的牦牛慈爱地望着小牛崽的神情，都清楚地展现在眼前。突然我的心“咯噔”了一下，因为我看见一只豹子正虎视眈眈地盯着牛崽，它的眼中时不时闪烁着贪婪的凶光，我不禁打了个寒战。再一看，美丽的羚羊身后竟也有一只威武的狮子，狮子的脚下躺着一具被它“啃”得血肉模糊的尸体标本。此时，我不禁浮想联翩，豹子扑向牛崽，狮子咬断了挣扎动物的脖颈……这些像电影一般播放的画面正是动物界的生存规则：弱肉强食。不想，小小的标本场景却包含着动物生存的故事，它将动物生存中的危机四伏展现得淋漓尽致。

我跟着人群来到了生活在湖泊旁的水鸟标本区。我看见一身洁白无瑕的天鹅，在水中舒展着自己长长的脖颈；我看见羽毛如天边的一抹晚霞一样美丽的鸳鸯，成双成对地在水中戏水；我看见高挑的火烈鸟，在湖泊旁的岩石上伸展着自己细长的双腿，用长长的尖嘴，梳理着自己火红的羽毛，多么温馨和谐的画面。

走着看着，大家都被极地中可爱的企鹅吸引住了。有的企鹅正从雪山上滑下来，有的企鹅正跳入冰川，有的企鹅正摇摇摆摆地走在极地上。听导游姐姐说，进入AR体验区，可以和屏幕上的企鹅互动。我往左边挥挥手，企鹅也往左边挥挥手，真有趣！

正当我玩得正欢的时候，大家都已经往前走了，我也赶紧跟了上去。展示在我们眼前的是各种各样的生物和自然景观，犹如在看3D电影。跟在一旁的导游姐姐又说，这个是沉浸式投影技术，能够更加生动地展现自然和各种植物，会使我们有身临其境的感觉。是呀，像这样动态的投影能够使我们更生动地看到丰富多彩的自然景观和更多的珍稀植物，更加亲近地感受到自然的魅力。我们通过领略各种动物标本和逼真的自然景观还有先进的技术，开启了一趟“自然之旅”！

令我印象深刻的是一堵“眼睛墙”，以及“检疫官”游戏。墙上有各种动物的眼睛，玲珑剔透，闪闪发光，灵气四溢。在旁边的电脑中选择你所要的动物眼睛，还可以从动物的角度看世界，真是太神奇了。“检疫官”的游戏就是从电脑举出的一系列物品中找出不可以带入馆内的东西，成绩将会显示在对面的屏幕上，我和同学们都跃跃欲试。在一次次的失败中，大家也渐渐摸索出了技巧：凡是植物的，都去掉。

最后，导游姐姐告诉我们，她们的主要工作是负责本地区动物养殖场户的强制免疫、产地检疫工作，对宠物门诊、饲料场、兽药生产厂和兽药经营企业等的监督管理工作，还负责免疫抗体的监测、动物疫病的净化等技术工作。这么说，我们平潭新建的检疫中心就是给动物们造福的福利院吗？是呀，现在我们的小动物们有了疫病也不用担心了，有了更强的防疫措施，动物们一定会更加健康的！

这次的研学，让我们学到了很多。我们不仅了解到了动物们的生活习性，也亲近了大自然，感受到大自然无限的魅力，也和丰富多彩的自然景观来了一次亲密的接触。希望进出境动植物检疫隔离处理中心可以成为更多小学生的研学课堂，让我们一起学知识共成长。

（指导教师：陈小红）

奇妙的研学之旅

平潭城中小学五班　薛文昊

伴着夏日的一缕清风，我们在校长和高老师的带领下，满怀期待地来到神秘的海西动植物防疫中心，共同领悟自然的真谛！

首先映入眼帘的是一个金碧辉煌的大厅，中间挂着大红球和彩带，好一派喜庆的景象，原来我们赶上了开馆的日子。

庆典结束后，我们进入了标本室参观。“哇！”呈现在我们眼前的是一个别样的世界。一幅草原风景“画”展现了草原生态链：一头凶猛的母狮虎视眈眈地盯着前面的小山羊，小山羊跟在老山羊后边，几只羚羊也忙着逃跑，还惊愕地盯着一个尸体，只有长颈鹿在旁边从容地吃叶子。墙上有几个玻璃匣子，里面有正在争食的顽猴，相斗的锦鸡，准备捕食的夜鹭。

走过转角，出现一个冰天雪地的世界。南极和北极的动物成了好朋友，憨厚的北极熊在帮海豹捕鱼，而小企鹅也不示弱，何况人家也是潜水小能手，扑通一下跳下水，再上来时，身边也多了几条鱼，多么祥和的画面。虽然只是标本，但还是栩栩如生。

咦，为什么前面的小伙伴一个个都蹲在地上呢？原来，是动物的眼睛吸引了他们。这是我们人类不可及的，因为每个动物所看到的东西都是不一样的。像苍蝇的眼睛，因为它的眼睛呈网格状，有成百上千个，所以，它看到的东西，就像是从万花筒里看见的。

最后，我们经过了一个玻璃大门，又回到了那个金碧辉煌的大厅，今天的旅程画上了一个圆满的句号。这次研学之旅是一场自然科学盛宴，我明白了必须保护环境，节约资源，才能给予更多的小动物一个家园，让它们同我们一同生活在这个绿色的地球上！

2. 观察家乡——圆梦平潭(海峡两岸研学)

2014 年 11 月 1 日，习近平总书记第 21 次上岛视察，亲自擘画“一岛两窗三区”战略蓝图（一岛即国际旅游岛；两窗即闽台合作的窗口、国家对外开放的窗口；三区即新兴产业区、高端服务区、宜居生活区）为平潭开放开发指明前进方向、提供根本遵循。作为平潭的基础教育人，应着力于地缘优势，开发相应的研学课程。“诵读经典，话叙亲情”——2019 两岸亲子国学研学营，在我校顺利举行，获得圆满成功，孩子们在与台湾小朋友的诵读交流中，同台演出、互换礼物等活动中，观察与感受海峡两岸同根、同源的文化根基，树立参与实现“一岛两窗三区”战略蓝图建设的主人翁责任感与自豪感。（如图 5－1）

图 5－1　“诵读经典，话叙亲情”活动照

（二）文旅即学程

2018 年 10 月，教育部发文公布的 377 个“全国中小学生研学实践教育基地”，国家图书馆被列入其中。图书馆虽没有博物馆、纪念馆等文博单位那样的优势，但也有其独特的存在感。在国内外许多地方，公共图书馆就是当地的文化标志性建筑，更是文化旅游的好去处。例如，深圳罗湖区图书馆，始建于 1985 年，楼高 5 层，建筑面积 1704 平方米，阅览座位 55 个，设计藏书 30 万册。深圳南山区图书馆，始建于 1994 年，建筑面积 16400 平方米，阅览座位 900 多个，设计藏书 46 万册，楼高 10 层。而南山区是腾讯、华为、中兴通讯、深圳清华大学研究院等高科技创新企业集结地。因高品位、高质量的潜心阅读会对人们的生活、工作起到促进作用。为此，我校作了以下几个规划。

第一，向学生推荐了深圳南山区图书馆、深圳罗湖区图书馆的实践文旅融合项目。

第二，与本地区图书馆成立阅读基地，每人均得到区图书馆的一张借阅卡，借书情况在平台上得以统计，每个月公布一次，激励师生阅读热情。

第三，与社区合作，在校园设立24 小时城市图书馆。 向家长、社区注入阅读营养文化元素，营造良好的亲子阅读、全民阅读元素。 每逢春秋季节，开展户外亲子阅读分享会；每逢“五一”“国庆”假期，开展“图书互换”“以旧换新跳蚤书市”等活动，这些活动“有看的，有玩的，有买的”，有效促进了文化休闲、研学旅游一体化。

第四，学生参与校园图书馆建设与规划。 学校要求学生对学校图书馆做全面了解、介绍；参与学校发展设计；对学校的图书馆理念进行研究，图书馆的每一个字，每一面墙壁，每一个人，每一处景，都可能成为学生研究性学习的课程资源。 对学校校长及教师采访，了解学校的历史与现状；对学校发展提出合理化建议。

四、研学变革学习方式

学习方式直接影响学习者的学习效能，转变学生的学习方式也成为基础教育课程与教学改革的重要内容和具体目标，更重要的内在意旨是利用活态文化教育价值进行育人，促进中小学生学习方式的变革。

(一) 中小学研学旅行的内涵及意旨

随着基础教育课程与教学改革的深入，教育部提出在中小学设置研学旅行课程。 该门课程是由教育部门和学校有计划地组织安排，通过集体旅行、集中食宿方式，开展的研究性学习和旅行体验相结合的校外教育活动，是学校教育和校外教育衔接的创新形式，是教育教学的重要内容，是综合实践育人的有效途径。

(二)中小学传统教学惯习导致中小学生学习方式陋习

惯习这一概念是法国社会理论家皮埃尔·布迪厄(Pierre Bourdieu)最早提出的。他指出,惯习作为知觉、评价、行动的分类图示构成的性情倾向系统,是社会化的主观性,它来自社会制度,又寄居于人类身体之中。惯习具有相对普遍性、非形式化、迁移性、身体内化性等特征。传统的中小学教学惯习是指在长期中小学教学活动中,受文本式教学文化影响,教育者不由自主地按照一定固化的教学行为方式和习惯,教师以教材中的文本知识为本,学习过程缺乏参与性、情境性和体验性等,学习变成单调乏味的知识记忆、回忆、复制和存储的过程。

(三)研学旅行促进中小学生学习方式变革

研学旅行的开设将在一定程度上改变传统教学惯习与中小学生学习方式陋习,促进育人方式变革。

1. 研学旅行转向整体性学习

学习的过程不是孤立的记忆知识的过程,任何知识都不是单一的概念、定义、公式或判断等。知识是整体性的,是一个相互联系的整体,只有从整体上把握才能真正地理解与掌握。

2. 研学旅行转向体验性学习

学习的过程是一种认识内化的过程,需要学习者全身心地参与。有效的学习需要学习者主动参与到学习活动中,通过全身心投入,亲身感受与行动,察觉学习的发生、发展过程,积极地省思与体验,形成个人新的意义,获得相关认识,形成技能,发展智力。苏霍姆林斯基认为:“让学生体验到一种自己在亲身参与掌握知识的情感,乃是唤起少年特有的对知识的兴趣的重要条件。”

学习者只有参与到具体的实践活动中，才能通过观察、思考与探究发现新的现象或问题，也才能不断地产生学习兴趣，增强学习动力与热情，从而不断产生新的感悟、思考和新的认识。

3. 研学旅行转向合作性学习

研学旅行活动以集体团队的形式，有着共同的目标，通过合作和协作完成研学旅行任务。 每一位参与者在活动进行时既要考虑自身的感受又要考虑团队其他成员的感受，参与者在活动中相互启发、互爱互助、互教互学、惺惺相惜，从而提升参与者的合作精神和能力。

4. 研学旅行转向探究式学习

学习、理解与掌握知识仅仅从文字符号本身是无法获得其真实的意义，知识的意义是在一定的情境之中的。 研学旅行主要是从现实生活中选择和确立研学旅行主题，参与者通过走进自然，融入社会生活，发现问题，开展观察、调查、体验、表达与交流等探索活动，以获得知识，发展情感与态度，形成认知和技能，身心得到和谐发展。 因此，研学旅行将改变文本式教育情境缺失的问题，让参与者进入具体的情境中，自主地发现问题，进行观察与探究，开展探究式学习。

5. 研学旅行转向开放性学习

学习过程不是被动地接受信息的过程，而是一种动态开放、认知的过程。 研学旅行符合这一点，学习的过程是一个不断探索与发现的过程，不是按照既定的规则和框架和预先设定的目标、线路发展的，而是在具体的活动和情境中随着学习者的思维变化与发展，伴随着学习者的理解与发现，通过自主建构，逐步实现自我发展。

因此，在教育活动中，教育者必须创设自由开放的教育活动时空，营造良好的动态生成空间，促进学习者自主与自由发展。 研学旅行正是以学生的现实生活环境为基点，按照人的身心发展特点以及人才培养的需要，有计划、有组织地开展教育活动。

第二节　整本书的阅读教学思与行

一、整本书阅读的概念

1941 年，叶圣陶在《论中学国文课程标准的修订》中对“读整本的书”提道：“把整本书作主体，把单篇短章作辅佐。”2011 年出版的《语文课程标准（修订稿）》在教学建议部分做了这样的表述：“培养学生广泛的阅读兴趣，扩大阅读面，增加阅读量，提倡少做题，多读书，好读书，读好书，读整本的书。”

二、整本书阅读的意义

近年来，越来越多的语文教师开始倡导“整本书阅读”，“整本书阅读”成为当下最热门的话题。

（一）扩大阅读空间

叶圣陶先生说“教材全是单篇短章”，只读课本上的文字，“老是局促在小规模的氛围之中，魄力也就不大了”。在国文教本以外再看其他的书，越多越好。读整本的书“可以使学生对于各种文体都窥见一斑，都尝到一点味道”，“遇见其他的书，也就不望而却步了”。

(二)应用阅读方法

叶圣陶先生认为：“应用研读国文教本得来的知识，去对付其他的书，这才是反复的历练。”“读整本的书，不但可以练习精读，同时又可以练习速读。”

这样看来，在课内获得的精读的方法，可以在整本书阅读的过程中有意或无意地得到运用，有利于学生获得个性化的阅读体验，积累更多的阅读经验，以便形成更好的习惯。

(三)养成阅读习惯

叶圣陶先生说：“最讨厌的是读过一篇，读下一篇，得准备另一副的心思，心思时常转换，就难深入。”确实，只读课本上的单篇短章对于培养习惯似乎还缺少力度。那怎样会效果好些呢？他提出“改用整本书作为教材，对于养成读书习惯，似乎切实有效得多”。

学生的习惯养成除了需要必要的时间、实践以外，仍然要依赖学生的阅读兴趣，尤其是小学阶段。整本书阅读能够激发阅读兴趣，能够给学生带来阅读的成就感，对学生阅读习惯的养成有着特殊的作用。

三、整本书阅读开展现状

英国提出“要利用班级图书馆和公共图书馆中的读物”，使儿童阅读内容的选择视其兴趣享有相当的自由；日本的语文教育很重视“读书指导”，注重学生的朗读训练，帮学生养成读书的兴趣和习惯，培养学生阅读报刊、使用工具书、利用信息等能力；我国台湾从 20 世纪 60 年代起就开始了儿童阅读的理论和实践研究，有教师指导课外阅读的实践策略书籍出版，如《儿童阅读手册》。国内比较早提出整本书阅读的是叶圣陶先生。朱永新教授近几年推行的新教育实验，也一直倡导整本书的阅读，并把它作为学校阅读课程的重要组成部分。平潭城中小学林彩英校长领导的“基于儿童视野下的小学语文开放性阅读环境创设的研究”课题组历时三年，探索建立了儿童阅读教育课程体系，对整本书的阅读交流组织方式进行了深入研究。儿童阅读推广人陈秀金、魏琴所执教的整本书阅读交流观摩课给广大教师提供了学习和研究的案例。这些活动及课程对整本书阅读进行了有效尝试，希望通过整本书的阅读，让师生都能真正养成阅读的良好习惯，让阅读成为师生的日常生活方式。

在实施整本书阅读策略中，出现了如下两种状况：

一是不少学生阅读的效果不尽如人意。影响阅读兴趣的主要原因是阅读方法不当、阅读兴趣不浓以及阅读习惯尚未养成，又因为各班学生的学情不一样，所以，在实际操作当中，效果也不一样。爱阅读的孩子，在读书过程中能够积极思考，但另一部分孩子在读书过程中却走马观花，不求甚解。

二是喜欢阅读的孩子们，对整本书阅读提出了许多意见和建议。第一，缺少指导，学生的课外阅读很少得到教师和家长有益的指导。第二，书籍少，客观上限制了学生的阅读。据相关调查显示，约有 60％的学生是通过与同学、朋友互相交换个人藏书进行课外阅读的，30％的学生是通过个人购买书籍进行的，但不论是何种形式，可供选择阅读书籍数量少已成为制约学生课外阅读的客观原因。

所以，笔者所在的城中小学以“书香校园”作为学校文化，但是对如何深度阅读整本书，以及怎样去理解、把握作者的写作意图等方面还存在欠缺。幸运的是，我校在 2018 年遇见了月芽阅读软件，它具有推荐权威等级分类书单、导读视频、测评体系、阅读大数据分析等功能，为“整本书阅读教学”提供了助力，解决了“读什么书、怎么读、读的效果如何”的大问题。

有了这么强大的平台助力，要如何指导学生有效共读整本书呢？ 我们先来了解一下整本书阅读教学的课型。 整本书阅读教学的基础是能够激发学生的阅读兴趣，我们一般把整本书阅读教学分为三个课型：推荐导读课、阅读推进课和阅读分享课。 下面以月芽阅读平台中的书籍《柳林风声》为例，谈谈我们是如何进行三种课型的教学的。

四、推荐导读课

（一）导读

导读课的目的主要有两点，一是激发学生阅读兴趣，二是传授学生阅读方法。 让读者了解大概内容，形成初步印象；介绍相关信息，激发阅读兴趣。

对于童话小说《柳林风声》，我们是如何进行导读的呢？

首先对于共读书目的选择，我们利用的就是月芽平台的课程领读栏目，从十二个月份的推荐书目中选取。 《柳林风声》属于四年级文学类书目。 待我们确定书目后就将其加入书架，并推荐给学生。 磨刀不误砍柴工，在导读之前，我们先要充分了解这本书。

1. 课前分析文本

《柳林风声》是英国著名儿童文学家肯尼斯·格雷厄姆（Kenneth Grahame）的代表作。 格雷厄姆喜爱大自然，酷爱文学，常常流连于山林旷野中，闲暇时潜心进行文学创作。他结婚很晚，生有一子阿拉斯戴尔——绰号“小耗子”，小耗子有先天眼疾，格雷厄姆夫妇俩非常疼爱他，经常讲故事给他听。在小耗子6岁时，格雷厄姆为了哄他睡觉，编了一个有关几个小动物的故事讲给他听，这让他深深地着了迷，为了听故事甚至不肯到外地度假。遇到父亲出差时，小耗子就让他用写信的方式接着讲。就这样，格雷厄姆的故事断断续续地讲了三年。后来，格雷厄姆把讲给小耗子的故事整理成一本名叫《柳林风声》的书，并于1908年出版，把这个故事献给了全世界的孩子们。

单看《柳林风声》中的文字，对于四年级的孩子来说，阅读是不难的，但读懂故事里珍藏的友情就没那么容易了。

2. 定位阅读愿景

对书有了了解后，我们就要定位本次阅读愿景，即希望孩子们能够了解作品、作者，了解故事主要人物和故事概况，引导学生学习阅读整本书的方法，激发他们的读书热情，使其享受读书的乐趣。

3. 激趣启动阅读

万事俱备，就要让孩子们与书来一次美丽遇见了。

(二)教学流程

1. 谈话导入，引出故事人物

（1）同学们平时最喜欢做的事情是什么？有没有特别向往的，特别希望尝试的事？

（2）今天老师给大家讲个故事，故事中有个重要的角色，他就特别爱尝试。他是谁呢？看看这身打扮感觉怎样？（引导学生看蛤蟆图片，过渡语：气派、阔气……简直就是“高富帅”！不过这钱不是他自己挣来的，是他爸爸去世后留下的，他是个典型的“富二代”。）

2. 讲述故事，激发阅读兴趣——以《爱冒险的蛤蟆先生》为例：

（1）教师讲述：他向往的事情可多了，而且件件去尝试。有一阵子他喜欢上了船，先是只爱坐帆船，后来帆船坐厌了就改撑平底船，接着是大游艇、赛艇……但是他不管做什么事只有三分钟热度，他玩腻了，又会玩起新花样。

这一天，他的好朋友河鼠和鼹鼠来找他玩，看到朋友来了，他激动万分。他说他现在对划船已经不感兴趣了，他又喜欢上了一个新玩意，是什么呢？

（2）出示大篷车图片，这是一辆超豪华的大篷车，车里吃的、喝的、玩的，应有尽有。他们坐上车去农村、乡镇、城市，哪儿都可以。总之，他们要过一种今天到这里、明天到那里的新鲜生活。

瞧！他们抄小路穿过田野来到了公路上，老马拉着篷车慢慢吞吞地在路上走着，忽然，一阵狂风和一阵喧闹声来了……

（3）那辆金黄色的大篷车散了架，无可挽回地毁了。（播放急刹车后撞车声音）而那辆汽车呢？一转眼扬起了一大团灰尘，接着又在远处缩成了一个黑点，逃之夭夭。

（4）如果你遇到了这种情况，心情怎样？会怎么说？

（5）河鼠和鼹鼠和你们一样非常生气，而大篷车的主人呢？他是什么样？

（6）出示图片（蛤蟆狂喜图），看到这副神情，你有什么疑问吗？（是啊，心爱的豪华大篷车被撞得稀巴烂，他怎么会这么高兴？他在想些什么呢？想不想知道这是怎么回事？）

（7）答案就在这本书中。（出示图书）这本书的名字叫——《柳林风声》，刚才你听的故事就在这里。

（8）观察封面：这就是蛤蟆的两个好朋友——鼹鼠和河鼠。他们就住在小河边的柳林里。其实，蛤蟆还有一个好朋友——獾。（出示图片）

3. 设置悬念,唤醒阅读期待——《拯救蛤蟆》

（1）獾是个了不起的人物，虽然很少露面，却让附近所有的居民都受到他的影响。 獾不爱社交活动，这一天，却来到了河鼠的家，他庄严地宣布“时辰到了”。

（2）指名分角色读。

“什么时辰？”河鼠不安地问。

“当然是蛤蟆的时辰！ 我说过，等冬天一过，我就要管教管教他，今天，我就是来管教他的。”

（3）蛤蟆究竟做了什么？ 让他都放下手中的工作来专门管教他。

（4）他们来到蟾宫，刚好碰到将要出门的蛤蟆，他们二话没说就将蛤蟆拉回了屋中。

（播放视频）

（5）蛤蟆为什么逃跑？ 出去后又干了什么事？ （学生猜测）

（6）再次出示图书：那就去读读这本书吧。 （学生齐读《柳林风声》）

4. 阅读目录,激起阅读欲望——《蛤蟆一无所有》

（1）图片对比，朗读对话。

①蛤蟆回来了，却成了这个样子。 （出示图片）

前后图片对比，看原来有多神气呀！ 听听他是怎么说的?

②指名分角色朗读对话。

蛤蟆现在一无所有了，他的朋友会帮助他吗? 蟾宫会夺回来吗?

（2）阅读目录。

故事在书中等着你，让我们打开《柳林风声》这本书。 书中共有 12 个章

节，说一说你最想看哪一章？（学生自由选择阐述）

5. 欣赏语言，了解故事来历及影响

（1）教师："12 章就是 12 个小故事，个个精彩。这本书的来历也特别有趣。作者格雷厄姆有一个 6 岁的儿子，成天缠着爸爸讲故事。爸爸是个狂热的自然爱好者，喜欢研究山林、河流，还有大自然里的各种动物。于是他为孩子讲了一个会说人话的动物的故事，他的儿子听着听着就着了迷。他嚷着不要去夏令营，于是爸爸答应在他离开后，每天写信继续来讲这个故事，他才同意去。后来人们把他的书信整理出来，就有了这本书。"

（过渡：这本书不仅有精彩纷呈的故事，而且语言也特别的优美。这部童话带有散文笔风，对柳林河岸四季风光的描写更是优雅动人，被誉为英国散文体作品的典范。下面，我们就来欣赏欣赏。）

（2）出示描写春、夏、秋、冬的优美语句及图片，师、生配乐朗读。

（过渡：书中的故事囊括了英国乡村生活的各个方面，为我们呈现出一幅美丽的画卷——时而像春天柳林间穿过的春风，清新优雅；时而像正午河岸边的微风，夹着泥土的原野的气息，时而又带着些许狂野的味道。故事如此精彩，语言如此优美，难怪美国总统也爱不释手……）

（3）介绍故事影响。

①美国总统曾把这本书一口气连读了三遍。

②1908 年，美国《纽约时报书评》曾对这本书作出预言：该书注定为那种令人莞尔一笑，爱不释手，一读再读以致书角卷皱的书。

③《柳林风声》也是《哈利·波特》的作者 J·K. 罗琳最喜欢的文学作品，在《哈利·波特》中，赫奇帕奇学院的标志——獾，就是以书里憨厚的獾先生为原型的。

6. 制订计划，借鉴阅读方法

（1）读书是有计划的，你打算如何安排你的读书计划？

（2）怎样阅读这本书更有效？ 介绍你的读书方法。

(三)关于上好一节导读课的建议

1. 重在激发学生的阅读兴趣

教师的导读课内容一般是学生没有读过的书，他们对这本书不知晓，不知情。 那么就要激发学生的阅读兴趣，使其从无知到有知，给学生打开一扇窗，让他们看见里面的一些东西，然后吸引他们走进来，这就是教师在导读课上需要做的事情。 激发学生的兴趣，可采用一些办法，如预测、猜想、设置悬念、验证等。

2. 重在教会学生阅读方法

我们可以让学生学会关注封面，封面上的图画、文字，关注到边边角角给我们提供的每一个信息，关注到扉页，关注到作者，同时还包括内容梗概，或者目录，或者封底的推荐语等。 这些都是在教学生阅读方法，也就是教他们怎样去读一本书。

3. 教会学生联系自己，联系生活，启迪智慧

正如《柳林风声》一样，我们不仅仅是在读一本书，更是在读我们自己的生活，读我们自己。

其实，导读课不会占用太多时间和精力，每个月我们就给学生上一节或两节导读课，也许学生阅读的兴趣就会加强，同时发展语言，锻炼思维，提升境界。

五、阅读推进课

有了阅读的兴趣，就可以让学生开始在课外自由阅读了。 教师把握好阅读的时间与节奏，等读到某个阶段的时候再进行讨论交流，师生共读，也就是我们所说的推进课。

新教育实验著名人物干国祥老师在一次访谈中曾说：“浅阅读及自由阅读永远是需要的，但共读就是对这种自由阅读的引领，犹如在汤中投下的一匙盐。”我想投下这一匙盐的目的就是推进学生的进一步阅读，引导他们往深处思考。

（一）课型的选择

阅读推进课可能是一次、两次，也可能是多次。 有时候是几分钟，关于某一个话题的交流；有时候甚至可以拿出更多时间来进行，完全根据孩子阅读的实际情况而随时调整。

每个年级段课外阅读承载的目的不同，教师指导也应有所侧重，推进课所选择的课型也应有所不同。

低年级学生在入门的起始阶段，使他们爱读、乐读，培养兴趣是阅读的基本目的；在阅读中能读通、读懂故事情节，可以初步感受优美的语言，愿意和家人、同学、老师交流，是阅读的终极目的。 对低年级学生来说，教师应更多地选择好词佳句的诵读课、一句话感想、续编改编故事课等，有效地激发学生的阅读兴趣。 对于中年级进行阅读的指导，由于学生能运用一定的方法进行阅读、积累语言，能够就书中的人物或情节表达自己的见解，所以中年级应更多地选择读物推荐课、感悟交流会、语言积累课、续写改写课等，在培养阅读兴趣的同时，使学生掌握一定的阅读方法，培养其主动积累语言的习惯。 高年级课外阅读重在培养学生的各种能力，这个阶段的学生可以自己选择课外阅读材料，有自己独特的阅读情感体验。 教师可以多鼓励学生在阅读中作批注，适当地写阅读感受，读写结合，提高学生欣赏、品味作品的能力。 高年级的课外阅读指导课可选择感悟思辨会，读写迁移课、阅读汇报课等形式，重点提升学生的研读能力。

(二)推进的方法

推进课的课型各有不同，方法也就各有不同。 常用的方法有以下几种。

1. 提取信息

教师根据每个章节的主要内容设定几个共读话题，让学生带着这些问题去读书，目的性更明确，也能让学生共同讨论，加深对作品的理解。

2. 阅读批注

（1）感悟处批注。 当阅读某处时受到触发，产生精彩的想法，写下批注，让感受真切而深刻，真正体现了独特的阅读体验。

（2）疑惑处批注。 阅读时，从初读到细读，直至有感情的研读，必然会有不同的疑惑。 教师可以引导学生对文本思想价值、构思、表达技巧以及炼字炼句进行质疑而作批注。 学生在阅读中质疑，带着质疑去细细品读，这样的过程就是一种阅读思考，一种阅读挑战，一种阅读探索。

（3）空白处批注。 书中的许多内容是作者不把意思挑明说透而刻意留下的“空白”，需要读者揣摩。 在这些地方进行批注，把写得简练的地方补充具体，或者把写得含蓄的地方补充明白，这样不仅可以促使学生加深对内容的理解，而且可以提高学生的想象力和语言表达能力。

（4）字词处批注。 我们阅读的书籍，有的写得生动优美，对学生进行写法指导很有好处；有的则具有深刻的教育意义，学生读后肯定会有很多感想和体会；有的有助于学生语文素养的提高，有助于学生理解和尊重多样性文化。学生对这些经典词句进行批注，可进一步加深理解，感悟其内涵。

3. 思维导图

借助思维导图，学生可以对文本的整体内容进行把握。教师可指导学生从作者简介、创作背景、主要任务、主要内容、作品评价、作品影响等方面来绘制思维导图，这样就能通过一幅思维导图对其整体内容进行归纳梳理，便于学生对整本书的内容的把握。

4. 学生个性化作业

学生对作品的理解可以用自己最独特的方式来表达，比如摘抄好词句、手抄报、读后感、续编故事、漫画，等等。

例如，我们在导读《柳林风声》后的阅读推进如下：

（1）创设轻松愉悦的课堂氛围，通过“聊书”的方式让学生学会读书方法，学会与同伴进行交流，乐于分享。

（2）让学生喜欢阅读，培养学生课外阅读的兴趣，养成良好的阅读习惯。

（3）通过对本书的阅读，感受故事中浓浓的友情，培养互相帮助、积极乐观的向上精神。

（4）采用“班级读书会”的形式，促使个性化阅读与合作性阅读相融合，从而提高阅读能力，陶冶学生情操，提升语文素养。

(三)阅读推进课的教学流程

1. 谈话导入，激趣揭题

（1）同学们，《芝麻开门》的作者祁智曾说：“我就在书中等你。”（出示

句子，指名读）

（2）这是作者与读者的心灵约定，当我们轻轻翻开书，就和作者开始了这场美妙的约会。

2. 感知内容，简单复述

（1）请看我们的漂流图书——《柳林风声》。同学们读了吗？谁在书中等着我们呢？（看课件）瞧，这就是鼹鼠、河鼠、獾和蛤蟆。你能用一些词语来形容他们吗？

（2）看看书名：这是片怎样的柳林？

（3）看目录简单复述故事章节：在这片柳林里，小动物们之间发生了哪些有趣的故事？这么多的故事可以用哪一个词来说？

（4）现在谁能用一句话说一说这本书主要写了什么？

小结：你瞧，这样一说，这本厚厚的书就被我们读得很薄了。

（设计理念：方法比结论更重要，教师应该教给学生阅读的方法，引导学生运用所学方法自主进行课外阅读，从整体入手，把握全书大意。）

3. 书海冲浪，话说朋友

（1）一说朋友。

这本书作者主要写的是这几只小动物关于什么的故事——友情。

图示“朋友”的解释，读片段 P17。

思考讨论：河鼠是怎样的朋友？

假如你就是那个喜欢冒险的蛤蟆，你身边可有这样的朋友？（联系生活思考）

原来，朋友是你快乐嬉闹时，跟你一起（　　　）的人。

（交流时，学生们汇报交流板书。）

（2）二说朋友。

读片段 P45，并思考讨论：

①獾是怎样的朋友？

②假如你就是那个十分执着的蛤蟆，结合刚才我们对朋友的理解，你身边可有这样的朋友？（联系生活思考）

句式：朋友是你出现错误时，会（　　　　　　）的人。

（3）三说朋友。

读片段 P90，思考讨论：

①这是一群____________的朋友。

②假如你就是那个被吓坏的蛤蟆，你身边可有这样的朋友？（联系生活思考）

句式：朋友是你遇到困难时，（　　　　　　）的人。

4. 结合生活，拓展主题

联系生活，说说自己身边有这样的朋友吗？

5. 总结延伸，激励阅读

课要结束了，这节课我们学会整本书该怎么读，大家还可以用这些方法去读这本书的……

出示："我就在书中等你！"（齐读）

同学们，作家永远会在书中等着我们，和我们共享阅读的美妙。让我们真诚地对自己说："我就在书中等你！"对伙伴们说："我就在书中等你！"对爸爸妈妈说："我就在书中等你！"让我们以此共勉，迈向更广阔的阅读空间！

（设计理念：课的结束并不意味着阅读的止步。本环节回现作家祁智的话语，旨在激励学生们在阅读的道路上不断前行。）

六、阅读分享课

如果说导读课是激趣，推进课是指引，那么分享课就是升华了。

读后分享课不是对故事的简单重复，而是对整个故事、整本书的回顾总结。就是说，教师要领着学生往“高处”走一走，这是教师在分享课上最重要的任务。在这里特别要强调的一点是，教师要将书本内容、价值思想与学生当下的生活实际进行深入的联系。如果没有这一点，那么共读的意义就打了折扣，甚至可以说失去了它最根本的意义。无论多么优秀的童书，如果它没有与学生的生命体验发生碰撞，没有与学生的生命结合起来，那么它就不可能对学生有什么实质上的影响。

阅读分享课需要遵循以下几点原则：

第一，把握学生年龄及学段特点，确定交流内容和教学环节。在设计交流分享活动时，教师要把握学生年龄及学段特点，确定交流内容和教学环节。例如，《柳林风声》在设计交流分享活动时，就要根据小学生年龄特点、年级段特点，以及童话的特点，确定符合小学生思维特点和认知规律的交流内容和教学环节，不能把中年级阅读交流分享课上成中高年级的文学作品欣赏课。

第二，要让学生分享和收获到阅读的快乐，体验到成功的喜悦。整本书交流分享活动的设计起点要低，要让学生分享和收获到阅读的快乐，体验到成功的喜悦。例如，共读《柳林风声》，在对书中人物如鼹鼠、獾、蛤蟆的了解交流时，可以设计“认一认、说一说”“读一读、猜一猜”等教学环节，通过展示人物图片和书中的经典片段，让学生根据自己的阅读经验判断展示的是哪个人物。这些少年儿童喜闻乐见的形式，能充分调动学生的阅读积累，调动他们交流分享的积极性、竞争性和表现欲，使他们分享和收获到阅读的快乐，体验到成功的喜悦。

第三，要以点带面，抛砖引玉，渗透整本书阅读方法的指导。开展阅读交流分享活动，应该以点带面，抛砖引玉，给予学生读整本书的方法指导。例如，对于整本的文学作品，采用“了解作者—把握大意—厘清线索—了解人物—咀嚼细节—品味语言”的交流顺序，就是对整本书课外阅读方法的渗透，使学生避免了课外阅读的盲目性和随意性。

第四，师生互动分享，使学生能够通过交流分享有所提高。学生永远是学习的主人。交流分享活动中既要突出学生的主体地位，让他们充分交流，互动分享；又要在学生交流的基础上，实现师生互动，使学生能够通过交流分享有所提高。

《柳林风声》这本书的分享课我们又是怎样进行的呢？教学流程如下。

（一）激情导入

教师叙述：在美丽的英国乡村，鲜花初绽，绿叶吐芽，河水哗哗，百鸟欢鸣。有一条蜿蜒的河流穿过茂密的柳林，这里住着一大群动物，有和蔼可亲的老獾、机智勇敢的鼹鼠、聪明细心的河鼠、敢于冒险的蛤蟆，还有很多很多其他的动物，它们之间发生了很多有趣的故事。让我们一起走进今天的读书交流课——《柳林风声》。

1. 齐读课题

（1）这本书大家应该都读完了吧，现在老师想要考考大家，看看谁读书读得最认真。（第一关：我读我猜）

（2）出示问题。（课件）

2. 小结

看来大家读书读得很认真，这本书有两个共同的主题，那就是“美丽的田园风光”和“纯洁的朋友情谊”。（板书）接下来，今天我们就一起乘着书的翅膀，来获取自己读书的成果。

（二）精彩回放

（1）在这本书中，你认为哪个片段描写得最精彩，请你快速浏览文章，用波浪线画出来，并写一写简短的批注。

（2）（指名说）把你画出来的读给我们听，读出你的感受来。

（3）师：××同学除了让我们感受到了一条碧波盈盈的河流就在眼前之外，还让我们学到了几种修辞手法。

（4）（指名说）文章这样写有什么好处？ 齐读。

（5）还有谁愿意分享他的精彩片段？

（6）这是河鼠的出场，是对它的（齐答“外貌描写”）。 在刻画人物的时候，外貌描写必不可少。 我们一起去认识这位新朋友，他定睛看时……

（7）还有谁愿意说说你的？ 为什么你喜欢这一段？ 在写作过程中也要注意对笔下人物心理动态的把握，只有描绘出人物心理变化的轨迹，我们才能像小说的作者一样塑造出生动、鲜活的人物。

（8）还有吗？ 语言描写、动作描写也对人物起到画龙点睛的作用。 这应该是我们要掌握的写作技巧。

（9）课文中好像还有几首小诗吧？ 谁找到了？ 对这首诗，你有什么特别的感受？

（三）真情告白

在这本书中，哪个人物你最喜欢？ 说出其中的一个，并阐明理由。 （同桌相互交流一下）

（四）展示平台

（1）过渡：有人说，读书不思考，等于吃饭不消化。书读完了，我们有哪些收获呢？

我们一起来通过如下的方式展示一下自己的成果。（拿出本子）

（2）交流。

“阅读交流会”：这个交流会是孩子们最喜欢的。能说的、爱说的孩子要上台一展风采，腼腆的、内向的也要上台讲一两句话。每班每月共读的阅读交流会是孩子们最期待的。利用月芽读后感平台，展示本班同学的读后感。从教师设计的几个拓展任务中选一项去完成，在交流会上展示。拓展任务包括：向父母推荐这本书；找出文章中的几首小诗仿写；找出蛤蟆前后变化的精彩语段制作表格；等等。

交流会最后，让学生归纳自己读这本书经历了哪些步骤；细读封面学猜想、图文结合读内容、提取信息做小报、测评交流巧拓展；最后还有一个延伸阅读，即让学生用总结出来的阅读方法，推荐看《夏洛的网》，一部傲居“美国最伟大的十部儿童文学名著”首位的童话。

（五）作业

《夏洛的网》，一首关于生命、友情、爱与忠诚的赞歌，一部傲居“美国最伟大的十部儿童文学名著”首位的童话。

孩子们，开卷有益，接下来希望你们阅读这本书，继续你的书之旅吧！

第三节　开放性阅读活动和阅读评价

一、开放性阅读活动

阅读是收集信息、认识世界、发展思维、获得审美体验的重要途径。 推进开放性阅读期间，需要创设满足教学工作的相关活动，收集学生信息、训练学生思维，并帮助学生在阅读活动中完成审美体验。 教师需要认真研读语文课程标准，了解当下教育的主要目标，在此基础上根据以往教学经验，结合当下教育要求，合理设计教学任务，明确各阶段教学目标。 教学目标只是抽象的概念，将其落实到实际工作中，需要从多方面出发制定具体的方案，并研究方案是否具备可行性，教学导向是否符合教育要求，这些都是学生能力培养必须关注的内容，设计学科的教学方案，并加强方案的执行力度，从而培养学生形成良好的学习能力，掌握阅读教学的核心内容。

(一) 开展多种形式的课外阅读实践活动

教师要创建丰富多彩的组织形式，需要从以下几个方面入手。

1. 帮助孩子们选择适当的读物

教师需要在教学期间为学生选择适当的书籍，让学生可以在阅读刊物的过程中感受到乐趣，在教师布置阅读活动后，教师还应该多与学生家长沟通，询问学生在活动中的表现，相信在教师与家长双方努力下，可以加强对学生阅读能力的培养效果。最后，考虑到学生精神世界成长的需求，需要为学生推送相应的书籍，考虑学生在当下感兴趣的事物，同时还需要选择具备正能量导向以及教育价值的书刊，让学生阅读书刊期间可以从中获取智慧，提升自身知识存储量，这样才能使学生不断从阅读中获取新知识新技巧。在开放性阅读教学实践中，教师还需要掌握学生的心理诉求，通过大量案例分析以及问卷调查，了解大部分学生对于现实世界的关注不多，更爱幻想，沉迷在科幻或是爱情等情境中难以自拔，教师为学生选择的书籍虽然需要考虑学生的喜好，但是语文阅读还是要以教育价值作为书籍选择的主方针。教师还应该利用学生所处年龄段好奇心极重的特征，合理地引导学生的阅读活动，选择学生感兴趣的阅读书籍，让学生可以在阅读过程中体验书中的事件。

2. 保证组织形式既丰富多彩又富有成效

（1）自读自悟。

教师需要帮助学生选择适当的读物，在前期需要培养学生形成良好的阅读习惯，让学生长期保持一个自读自悟的行为，经过一段时间便可以形成一种习惯。这种方式在企事业单位工作的员工中有得到非常好的印证，公司职员在单位颁布指令后，便能在短时间适应新形式，并在工作过程中慢慢将其演变为一种习惯，国外教育学家对此方面进行了深入的研究。阅读习惯的培养也需要一段时间，对于普通大众而言只需要21天便可以形成新的行为习惯。因学生年龄尚小，存在注意力涣散的问题，教师可以采用科学的培养方式，让学生每天阅读一段内容，并长期坚持，教师向学生布置阅读活动后，还可以要求家长一同跟进这项工作，要求家长看管学生阅读活动的执行情况。但是仅从外部施加压力可能难以获得良好的效果，所以阅读活动需要双线进行，需要让学生喜欢阅读，自主接受阅读活动，并尝试领悟阅读内容，这是培养学生形成自读自语的阅读行为习惯的有效方式。

（2）组建课外阅读小组，开展小组间的阅读比赛。创建趣味阅读，提升阅读兴趣。

教师应该让教学趣味化呈现，这是出于低段与中段学生在当下对学习持有抵触情绪，为了保障教师工作可以顺利推进，必须保证学生不再抵触教师课上提出的内容，并根据学生在当下喜欢的事物，引入相关元素，提升教学的趣味性。开展教学工作时，教师还应该收集大量资料，在充足资料的引领下，带领学生学习课文内容，并使学生形成良好的分析能力，在此基础上还需要采用科学的教学模式，比如利用教室内的多媒体设备或是采用分组探究的方式，让学生积极地参与到课上阅读活动中，并在探讨学习的过程中进步，提升学生的阅读能力，使学生可以灵活地应用自己所学的知识或是生活感悟分析阅读内容。因为高段学生经历低段、中段的训练后，其对阅读已经形成一定的分析思维，因此，教师需要让学生在掌握资料收集行为的基础上，还可以根据收集的材料，进行细致研究分析，强化学生的能力，同时在教学过程中，考虑到教学方式是否合理，为了进一步激发学生学习的欲望，教师应该合理地创设教学方案。高段学生不仅需要让其围绕主题收集相关资料，同时还应该让学生可以针对收集的材料，结合课文后的问题进行深入探究，在此基础上分析课文内容，并让学生可以对课文提出自己的观点，带领学生通过辩论或是角色扮演等形式，进一步深化阅读内容，让学生可以在审美中进行阅读探究，从不同层面分析阅读内容，并让学生在此过程中可以形成敢于质疑挑战权威的勇气与思想，这是小学语文教育着重关注的要点，对于学生思维品质的培养也有非常重要的作用，让学生形成敢于质疑权威的思维后，可以从自身对课文内容的理解出发，分析课文内容而不是一味的依靠教师，掌握课文内容知识，对孩子提升个人能力至关重要。

（3）在扩散性阅读中拓展学生的语言积累，培养学生的思辨能力。

在语文教学中，教师需要了解学生的学习状态，同时还应该遵循阅读三圈相结合的教学原则，三圈分别为课文和课外阅读、引申、延伸，采用阅读三圈相结合的教学方式，对于学生语文素养的培养有非常重要的作用，在主开扩散阅读的作用下，需要培养学生形成良好的阅读能力，可以快速阅读文章中的内容，同时还需要不断加强学生对文章内容的思辨能力，提升学生的探索能力、分析能力、想象能力，让学生在学习课文过程中，积累精彩的语句，让学生在课后整理语句记录本，及时记录在阅读期间遇到的精彩语句，不断整理阅读笔札，积累大量的优美辞藻，这些内容都是学生日后分析阅读知识的资源库，对学生未来分析阅读，提升阅读能力均有不可忽视的作用，可以在极大程度上提升学生的阅读思辨能力。 在实践教学中还需要针对小学低段、中段、高段不同年级的学生进行科学的方案预设，确定不同年级学生的学习能力以及相应特点，灵活地设定教学目标，对于低段以及中段的学生，应该将教学重点放在夯实学生基础能力方面，并加强学生对信息资料的收集能力，了解分析阅读需要完成的准备工作，并通过大量练习，强化学生的能力，使学生对阅读的感悟能力大幅上涨。

（4）为孩子提供展示的舞台，鼓励孩子多读书。

教师在教学期间引入激励机制，当发现学生在阅读学习过程中出现进步后，应该及时予以表扬鼓励学生，让学生对阅读产生自信心，保证学生后期可以顺利推进阅读学习，并按照教师规划的路径，培养自身阅读能力的有效手段，学生在小学阶段急需外界对其的肯定，教师作为学生成长阶段的领路人，对学生的意义重大，因此教师对学生的鼓励可以在极大程度上激励学生奋发向上。 教师应该不吝表扬，在学生进步的第一时间需要予以鼓励，同时还应该在当下为学生提供更多展现自己能力的舞台，教师可以举办角色扮演或是诗歌朗诵比赛，鼓励学生参与活动在小学阶段正是各方面能力培养的关键时期，教师需要让其在成长的关键阶段，保有充足的自信心。这对学生成长异常关键，让学生展示自己才华，并予以其肯定，从而可以让学生依靠自身努力顺利进行阅读活动。除此之外，教师还应该多鼓励学生，并向学生解释读书对其成长的益处，让学生在小学阶段便能养成阅读的良好习惯。

(二)保证学生课外阅读的时间和空间

教师在阅读教学期间，不能仅仅将阅读教学工作停留在教材课本中，还应该引导学生阅读课外刊物，同时为学生构建更轻松、欢愉的阅读环境，让学生可以在阅读期间卸下心理包袱，按照教师的引领阅读教材内容。首先，教师需要认真学习语文课程标准，了解教育部对教学工作作出的安排，同时还应该从提升教学效率角度出发，引导学生阅读并倡导学生精讲多读，留出大部分时间用于学生自我培养方面能力的培养，但是教师需要从旁指点，还需要激励学生，让学生通过自身努力，在双方努力下，才可以达成阅读能力培养，让学生可以形成良好的阅读能力。在此过程中教师应该根据语文课程标准内容，让学生可以在阅读期间，逐渐形成自主感悟的能力，同时还应该响应教育部减负号召，不准在课后留有书面家庭作业，需要让学生利用充裕的时间阅读。阅读能力的培养需要实践积累，从而才能形成良好的习惯，但鉴于当前学生年龄尚小对自身约束能力不足，教师还需要与家长进行深入沟通交流，让家长负责看管学生日常阅读行为，在学生阅读期间拍摄视频资料，以被教师查证。在教学过程中，教师会根据阅读能力培养的需要，将每周二以及每周四的午休活动，定为专门培养学生课外阅读的时段，指导学生进行阅读。阅读工作的开展除了需要用时间加强学生对文字以及文章架构的感知，还需要让学生了解阅读技巧，可以有针对地顺着教师指明的方向进发。为了使阅读课程不至于枯燥、乏味，让学生愿意参与其中，教师需要合理设计课程活动形式，采用演讲会、辩论会、读书会、讨论会等多种形式满足学生猎奇心理。 在培养学生形成课外阅读能力的过程中，还应该保证学生课外阅读材料的质量以及数量均能满足阅读量培养需要。 在此过程中教师还应该考虑学生对不同书籍的兴趣，并为学生推荐多种类型的图书，让学生可以有所选择的根据自身爱好，选择图书进行阅读，使学生形成良好的阅读行为。 教学方式的使用与构建需要从多方面进行，教师需要让学生对阅读产生好的观感，这是让学生不再抵触阅读，并能主动积极阅读的有效方式。 为此，教师还应该通过课上导读以及课文演讲的形式，让学生发现阅读的趣味性，使学生可以不再将阅读当成教学任务而是兴趣，这样便能让学生可以主动地阅读书籍，在扩展学生知识面的同时，还能培养学生形成良好的行为。 通过研究发现持续维持长时间行为，对于个人专注能力的培养也有不少的帮助，在小学阶段培养学生形成阅读的习惯，对于学生未来学习发展均有极大的意义。 在教学过程中教师还应该为学生创造良好的教学环境，在班级内部设立小图书园地，并让班级学生各自挑选其喜爱的图书，放在小图书角，让班级学生可以分享各自资源，让不同的学生可以在其中阅读班级学生喜爱的书籍，这对学生能力的培养有非常大的帮助。 在阅读活动进行期间，为培养学生形成良好的阅读习惯，教师需要考虑学生在当下阅读的行为以及阅读能力，需要对学生阅读技巧进行点拨，考虑学生在当下并不能发现文章内的重点内容，所以教师需要指点学生在阅读文章前先仔细研读导读内容，通过导读掌握文章的主要内容，从而便可以带着目的性阅读整篇内容，这样对学生记忆文章各章节内容有非常大的帮助。 在阅读过程中，教师需要让学生进行多元阅读不要拘泥于形式，否则会使得阅读机械化。 教师从学生写作能力培养的需要考虑，应该让学生在阅读期间准备笔记本，及时记录自己喜欢的优美的语句，在阅读过程中积累大量的优词佳句，对于学生语料资源的积累以及阅读能力的提升均有不可忽视的作用。

二、开放性阅读评价

(一)开放性阅读评价的原则

1. 课外阅读评价应遵循个性阅读原则

英国的杰出剧作家威廉·莎士比亚(William Shakespeare)曾说过:1000 个读者眼中就会有 1000 个哈姆雷特。 这句话的意思浅而易见,不同人对于文章内容有各自的看法。 在新课标中也提出阅读教学的要点,需要让学生在学习过程中,针对阅读发表自己的看法,考虑到上语文课时紧张,为了尽可能地让全部学生表达出自己对文章内容的看法,可以采用小组活动探究的方式,以小组推进阅读活动,让学生在组内发言,避免学生不敢与教师对话的弊端,使教师在活动的过程中可以听到学生对问题最真实的看法,了解学生对课文的想法,从而可以积极地制定解决措施。 在小学语文阅读过程中,教师需要考虑到班级学生个性存在的差异,同时应该针对个性化差异,确定阅读教学原则,了解学生能力培养要点,还应该根据当下阅读评价标准,确定学生个性化阅读行为评价体系,在此基础上便能采用科学的方式对学生进行系统评价,了解学生在学习期间存在的问题,并不断调整教学方案,采用科学的方式引导学生,让学生可以快速掌握课上知识要点。 另外,加强师生间的沟通是顺利推进教学工作的有效手段,因此,教师需要在课下多与学生沟通,掌握学生在当下学习中存在的疑难点并为其解答,加强师生间的联系。 在阅读教学中,即便是同一篇文章,不同的人阅读会出现不同的评价,教师应该考虑到学生本体意识对阅读形成的干扰,同时还需要了解影响阅读受体的干扰因素,考虑到学生成长背景、家庭环境以及自身性格,这些均会导致其在分析文章阅读的过程中,出现与其他人意见相左的看法,但是教师应该让学生安心，这并不是奇怪的事情，如果所有学生的想法都相同会更加奇怪，让学生大胆直言。 通过学生与教师的互动交流，教师可以掌握学生分析问题的看法，并从教学标准出发，积极鼓励学生发展个性化意见的同时，还应该对学生进行多元化评价，从而才可以尊重学生个体感受，还能确保阅读教学工作顺利进行，使学生的个性得到张扬。 这对学生未来创造能力以及其他能力的发展均有不可小觑的作用。 教师在课堂中还需要及时表扬学生的新颖看法或是创造性意见，使用物质鼓励学生，激发学生不断奋进。

例如，教师组织学生对《水浒传》章节内容进行研讨期间，鉴赏李逵在江州劫法场这部分内容，并让学生分析李逵其行为是否属于滥杀无辜，让学生针对李逵法场劫人的行为进行客观辨析。 有些人认为李逵在闹市中杀人，杀的都是贪官污吏，还有学生反驳认为李逵在闹街杀人，并没有看清来人是谁便一斧子砍下，所以在李逵杀的人中也包含无辜的百姓。 在同学你言我语的辩论中，教师了解班级学生对其提出问题的看法，并在活动结束后对班级学生提出的看法予以肯定，因为学生敢于说出自己的独特见解。 教师掌握班级大多数学生对问题的看法后，需要针对问题进行深入解读，引导学生看到阅读文章中的细致描写，让学生深入地研究原文内容，了解文章的细枝末节。 通过教师引导让学生掌握问题核心，通过教师的导读对学生分析问题带来不一样的体悟。 另外，教师还应该多鼓励学生，可以让学生对学习产生自信心。 科学的教学方法极大程度上推进教学工作，让学生积极参与教师发动的活动，并在活动中提升自身阅读能力。 小组探讨活动，可以让小组成员在其他成员的回答中，以不同思维视角分析课文内容，并根据掌握的内容分析活动议题，从而通过活动形成良好的学习能力。

2. 课外阅读评价的外显监测原则

阅读学习简单来讲就是从书本获取知识信息的过程，同时也是阅读者的记忆与思维的内部活动过程。 而教师要想充分发挥课外阅读评价的作用，就应该引导学生将阅读学习后内隐的、既得的内容外显化，而外显程度的高低对监测效果有着直接影响。因此，要想做好内隐的、既得的内容外显化，教师就需要将阅读者的记忆和思维的内部活动过程做好外显。具体实施起来，将学生的记忆外显相对来讲较为简单，而要想做好学生的思维外显则具有一定难度。

思维的过程简单来讲就是处理信息内容的过程，而作为一项高级的心理活动，在处理信息的过程中，只有采用科学有效的方式，以及反复的训练才能够将其很好地完成。例如，在评价学生阅读后分析人物思想性格的水平时，教师应提前向学生传授相应的分析方法，引导学生懂得对于人物思想性格及相关影响因素应该采用哪种方法来分析。如在教学实践中，教师就可以以《水浒传》第七十五回关于“招安”的内容为例，为学生示范通过人物描写方法来分析、剖析好汉们的思想性格，以及形成的主要原因。通过这样的示范，不仅能够向学生传授思维方法，也可以达到思维外显化的目的。

3. 课外阅读评价的整体阅读原则

阅读学习是信息内容传递的过程，在学生阅读过程中需要及时获取信息、分析信息、整理信息，经过一连串思维活动完成信息处理工作，教师应该在阅读活动中了解学生分析阅读的方式，同时还需要对学生分析阅读行为进行评价，让学生可以在成长阶段形成正确的分析信息方式，在拿到阅读文章后，使用科学的方式进行信息的收集、读取、整合、分析，这需要使内容外显化。教师应该在教学活动中，合理地创设阅读活动，采用多种活动方式加强学生对信息的记忆思维培训强度，使学生对信息的处理能力可以有所提升，教师还应该借助活动培养学生形成良好的逻辑思维能力。考虑到思维外显具备一定的难度，对于小学生而言，将知识外显化会存在不小的难度，因此教师需要完成教学梯度引导，让学生可以逐步培养将思维外显化的能力，同时还应该传授学生相应的阅读技巧，比如记忆阅读内部的关键字词，掌握文章的感情基调，确定主干内容，使用以点带面的方式，记忆文章内容并完成思维活动，将阅读的内容外显化。思维的活动是处理信息的全部内容，在信息分析过程中，思维方式是人分析速度快慢掌握内容多少的重点。因此，需要在信息分析期间，采用科学的方式训练学生的逻辑思维，让学生可以形成处理信息的思维定式，通过反复训练，提升学生处理信息的速率。比如，教师评价学生阅读分析过程中，需要在同样的时间下，查看不同学生分析内容、掌握内容的程度，同时还需要了解分析能力不足的学生，其分析文章内容的方式，并与分析能力强的学生进行对比，通过综合对比可以发现学生在当下思维分析方面存在的不足。与此同时，掌握足量信息后，便可以根据学生的学习能力以及接受能力，点拨学生分析阅读的方法。在方法传授过程中，采用由浅入深的方式逐步夯实学生的能力，同时教学活动的进行也需要由浅入深的方式，慢慢提升教学难度。比如，对某阅读中的人物进行分析时，教师应该传授学生灵活选择文章内容分析方法，从文章中人物的行为、语言、神态等方面进行分析，并根据人物的行事风格以及处事方法，对其性格进行综合判断。采用多种方式分析人物，可以使人物的形象更加饱满，更加贴近人物的真实性格，通过事例让学生找到思维分析方式，从而达到思维外延的效果。但是能力的培养绝非一朝一夕便能完成，因此，教师在培养学生分析能力的同时，还需要不断地为学生进行心理建设，告诉学生学习需要一步一步进行，不能急于求成，让学生做好充足的准备，并在学生阅读学习期间不断地鼓励学生，让学生可以按照教师给定的教学方向不断向前发展，从而在教师课上推进的阅读活动中，跟着教师的脚步一同参与思维训练，提升学生的阅读分析能力。比如教师在讲《水浒传》招安时，便可以根据梁山泊众多好汉听到招安后的表现，分析其思想性格，其中武松表现的极为抗拒，林冲怒不可言，其他好汉有的虚与委蛇，有的默不作声，这些表现均是反映人物思想性格的依据。教师应该通过实际例子，向学生展示分析人物性格的方法，同时还应该在教学过程中，不断观察学生能力的提升，并以此作为推进教学工作的推手。

4. 课外阅读评价的简单便捷原则

开展课外阅读整体评价期间，需要遵循整体阅读原则，在阅读评价中应该引导学生，加强对文章内容的整体把握。目前，发现部分学生由于掌握的内容不足或是只关注文章的某部分内容，导致其在分析时存在以偏概全的问题。教师必须要在当下了解教学工作存在的弊端，同时还应该在课外阅读评价期间，遵循相应原则规范学生阅读行为，引导学生发现阅读的技巧，同时还应该让学生在整体阅读原则下把握阅读内容，强调学生对文本的整体把握，并让学生发现文章内部间的联系，梳理知识内容，让学生可以在短时间内了解文章整体脉络。大部分学生阅读书目内容时，无法将其与文章所在的社会背景进行关联以及分析，由于文章所处的背景不同，所以阅读期间会受到社会因素的影响，如果不能将其放在文章出处的年代，将会对学生分析内部内容造成极大的干扰，因此教师需要在阅读教学期间，不断地引导学生掌握阅读的方式，并培养学生形成整体阅读的习惯，从而提升学生的阅读能力。除此之外，教师还应该重置阅读结构，让学生可以在顺序、倒序等多种思维方式下，鉴赏阅读内容，并根据阅读后的提问方式，灵活地选择多种方式分析阅读内容，训练学生的思维，对学生提升阅读能力有非常大的效果。对小学生而言，其所处的年龄特殊，认知水平偏低，并不具备强大的逻辑分析能力，因此教师需要将阅读分析工作，分成若干个点，让学生可以通过逐点分析的方式，在最终将所有内容统一到一起，再来整体阅读视角分析文章内容。如果直接采用整体阅读分析的方式，会对学生造成极大的压力，因此教师需要意识到学生能力的重要性，逐渐培养学生的能力，并在教学期间通过提问以及成绩测评等多种方式，分析学生逻辑分析能力所处的水平。为了确保学生可以掌握文章主旨，需要在教学期间为学生进行全程记录，了解学生的能力发展情况，并通过实例分析，让学生可以发现文章内容要点。只有通过日积月累的训练，才能让学生形成整体阅读意识，快速确定文章立意提升阅读能力。

(二)阅读评价的途径和方式

1.班级阅读评价途径:评价主体多元化

教师还应该关注课外阅读评价工作，在传统阅读评价中，教师并没有对学生进行多元评价，因为评价方式过于单一，所以会在一定程度上限制学生阅读能力的发展，因此，教师需要及时意识到以往评价工作存在的不足，还需要在当前阶段不断优化阅读评价的合理性。在学生学习过程中对学生进行精准的预判，并根据学生能力培养的情况，调整教学难度以及教学节奏。教师在教学期间需要考虑到文章的整体性，如果将文章分成若干部分，会对学生分析阅读造成一定的障碍，也难以培养学生形成良好的阅读分析能力。因此，教师需要考虑阅读教学评价指标，同时还应该从整体阅读原则下出发，了解阅读水平以及学生认知能力培养的方式，采用多元评价方式对学生阅读能力进行系统评定，分析学生整体阅读行为的培育情况，并根据教学目标不断调整教学方式，提升学生能力培养的效果，使学生通过阅读活动可以形成良好的阅读分析能力。

（1）教师评价：合理定性，激励赏识。

教师在评价学生阅读能力的过程中，需要从多方面合理进行能力评定，同时还应该注意学生沟通时的神态、语言，应该采用温和的态度，对学生进行系统评定。因为学生所处的年龄段较小，如果教师对学生过于严苛，很可能会破坏师生间的和谐关系，同时还会对教师开展教育工作造成极大的影响，因此，教师需要加强对教学评价习惯方式的设置，使用微笑以及温和的语言与学生沟通，了解学生在学习阶段存在的问题，并需要根据学生目前所处的状态，对学生进行综合科学的评定，指出学生在当下存在的问题，让学生及时采用正确的阅读方式，提升自身阅读文章的速度以及对文章立意分析的准确性。教师在与学生交谈期间，同时还需要鞭策学生，因此，对教师教学工作的执行难度会存在不小的挑战。

（2）自己评价：自我体验，主动成长。

进行阅读教学过程中，教师应该考虑到学生主体能力发挥的情况，仅从教师层面进行努力，无法达到良好的教学效果，还需要让学生参与其中，让学生进行自我评价，分析其在阅读学习期间的成果以及不足。采用自我评价的方式对于学生成长有着非常积极的导向，可以改变学生以往的学习态度，让学生自我评价，因为学生成长期间对自身存在的不足有一定的认知，学生在阅读学习阶段及时了解自身不足，并有针对地学习相关知识。另外，教师在此过程中需要与学生积极互动，让学生可以参与到课上活动中。教师对于学生能力的关注，需要从多方面进行客观评价，但是学生自我评价，对于教师开展阅读教学工作也有不可或缺的作用，学生对自身能力的把握最为敏感，让学生对自我进行评价，可以让学生看到评价结果后，了解自身存在的弱项，及时进行针对性学习，从而提升学生的阅读能力。另外，还应该采用阅读成长记录、阅读感受分享会等多种形式，让学生可以在学习过程中，感受自身能力的变化，让学生反思以往学习期间存在的不足，教师也应该根据学生的反思，不断优化课程内容，使阅读教学工作可以更科学。在学生自我评价期间，教师需要时刻关注学生的成长并在教学工作开展期间，掌握学生当前状况，并调整教学方案，顺利推进教育工作，达成新课标对阅读教学提出的要求。

（3）同伴评价：相互欣赏，学习反思。

教师评价与学生自评工作，虽然可以反映学生在阅读学习过程中的状况，但是并不全面。与此同时，可以采用同伴互评的方式推进阅读教育工作，让学生了解其在学习过程中存在的不足。与教师相比，学生间的相处更为密切，对于同伴学习的情况看得也最为真切，因此，采用同伴评价的方式，得到的结果会更加真实可靠。教师在阅读教学过程中，采用同伴评价的方式，并通过优点与缺点的互评，结合学生能力培养要求，明确教学方案并定期开展组织活动，以学生能力培养为基础推进教学活动。了解阅读记录手册、阅读留言簿等多种评价形式的优缺点，发现班级学生在阅读方面存在的不足以及优势，并在学习过程中将阅读能力优异的学生，作为班级学生学习的榜样，用以鞭策学生，及时弥补自身行为存在的不足，形成正向竞争意识。

（4）家长评价：促进交流，理解鼓励。

进行阅读教育评价过程中，需要从阅读评价角度上出发分析评价，家长是孩子成长过程中极为特殊的存在，教师需要发挥家长在学生能力培养方面的作用，采用家校联合的方式加强学生与家长间的联系，可以让孩子有依附感，同时还能通过家长提升学生学习看管力度，使学生在外有教师看管、在内有家长看管，通过动态联合机制提升学生能力培养的监督力度。另外，教师与家长需要构建互联互通的沟通平台，加强彼此间的沟通交流，采用家校联合、亲子共读小报等多种形式，由家长参与学生阅读评价工作，构建融合的亲子关系，关注孩子成长，确保孩子可以在成长期间形成良好的阅读能力，这对孩子日后发展意义重大。

2. 班级阅读评价方式:评价内容多视角

语文课程评价需要关注综合性与整体性，这是新课标内明确指出的内容。教师需要在新教改背景下考虑学生情感态度、知识能力过程以及价值观等方面的评价标准，同时还应该以学生综合能力培养角度出发，培养学生形成综合能力。在班级阅读评价期间，需要引入激励制度，并从多角度分析学生能力的构建，让学生在成长期间受到周围人群的鼓舞，形成良性循环，从而可以在得到鼓励后积极进取，并不断提升其阅读能力。教师在此过程中，也需要从学生能力培养的角度出发，分析学生阅读兴趣培养的需求点，为使学生能在学习过程中形成良好的阅读能力，除了关注学生阅读情感体验方面外，还需要关注学生能力培养方式，使用科学的方式对学生进行客观的评价，并通过引导激发学生对阅读的兴趣，借助科学的体制推进阅读教学。语文阅读评价方式可以从以下几方面进行。

（1）重视过程：形成性评价。

开展阅读评价工作，需要让学生在阅读过程中，通过阅读信息接收、感知、体验、积累，从而加深对内容的理解，并对内容进行深化，将文章知识转换成自己的知识，在教师教学活动下，进一步夯实学生从阅读中吸收的知识。不仅如此，在阅读过程中还应该完成文本、教师、学生对话，根据阅读期待分析阅读呈现的效果，对阅读工作加以反思，了解以往阅读教学期间存在的问题，为确保教师工作满足学生心理期待，需要采用科学的方式处理学生学习阅读期间存在的问题，建议提升阅读效果。教师在学生成长期间，还应该对学生形成科学的周期评价循环系统，借助周期评价了解学生在学习期间的学习表现，并及时指出学生在阶段学习中的优势以及缺点，让学生可以及时改正自身的不足，这对学生能力的培养至关重要。

（2）发现长处：赏识性评价。

教师在当下需要了解学生目前的学习状态，同时还应该借助评价体系，发现学生在阅读学习过程中的突出优势以及取得的进步。在教学过程中，教师还应该多鼓励、多表扬学生，激发学生学习的主体意识，并在教师科学的教学评价模式上予以正确的引导，让学生可以用欣赏的态度分析阅读内容，激发学生对阅读的兴趣，使学生可以感受成功的喜悦。在班级阅读学习中，提升学生的阅读能力，完善阅读方法，采用扬长避短的方法，在班级中建立学习模范，通过竞相学习彼此优势，借助正导向竞争机制，推进阅读教学工作，让教学工作按照教师规定的方向运行，通过阶段培养使学生形成良好的阅读能力。

（3）尊重差异：分层性评价。

在阅读教学过程中，还需要了解学生当下的学习状况和新课标对学生能力培养的要求，灵活地调整教学方案，需了解学生在阅读活动中本体的感受，同时还应该根据学生的价值取向，灵活地设计教学方案。考虑学生目前对阅读的观感，借助评价活动发现学生当下存在的错误观念，并及时予以调整。教师还需要给予学生积极的引导，使学生可以在学习过程中有所收获。进行阅读教学期间，教师还需要考虑以往教学工作存在的弊端，大部分教师常用一个标准，规范学生行为，从而会在一定程度上压抑学生主体学习的发挥。因此，教师应该在当下予以学生积极的劝导，并给予学生一定的鼓励，放低教育要求，将教学工作集中到学生能力的培养方面，引导学生向更高层次发展。

第六章

开放性阅读的人生三态

开放性阅读是影响孩子一生的阅读方式。在未来，开放性的阅读方式也必然会掀起新一轮的全民阅读浪潮，促进“终身阅读”的阅读教学理念的实现。但是，要完成这一伟大愿景，还需要我们与孩子共同建立开放性阅读的“人生三态”，即亲子阅读要在状态、全民阅读要有姿态、终身阅读要呈常态。

第一节　亲子阅读要在状态

“亲子阅读”一词源于新西兰，随后被世界各国所采用并积极实践，美国联邦教育部曾召开全国阅读峰会，提出五项挑战，勉励各州加速培养儿童阅读能力，告知父母责无旁贷地承担起辅助孩子阅读的责任。日本设立专门的家庭式图书馆，称为“家庭文库”，促进亲子阅读活动的开展。在中国古代的传统家庭中，就已经出现“田间收种忙，案头文墨香”的生活写照。耕与读密不可分。晴耕雨读，田园牧歌，刚放下锄头，又拿起书本。这种经典的场景通常会成为家规、家训并借此勉励子孙耕读传家，将书香绵延，将文脉延续。黄庭坚有诗曰：“藏书万卷可教子，遗金满籯常作灾。”古人很早就认识到家族血脉的传承，不是财富的传承，也不是官职的传承，而是文化的传承。只有书香、品德，才可以润泽久远，世代绵延。党的十八大以来，国家一直致力于开展全民阅读活动，将其作为文化强国的一项重要内容。习近平总书记高度重视家庭在促进国家发展、民族进步、社会和谐中的重要作用，明确提出“三个注重”的要求，即注重家庭、注重家教、注重家风。家庭亲子阅读活动是指导推进家庭教育的有效载体，是培育弘扬良好家风的有效形式，对促进孩子健康成长、培养担当民族复兴大任的时代新人，对将社会主义核心价值观落实在家庭、推动形成社会主义家庭文明新风尚，对提高全民族的文化素质、进一步增强国家民族的文化自信，都将起到有力的促进作用。

国内外这些现象表明：亲子阅读已成为不折不扣的国家工程，被视作教育的重要发展项目，是全民阅读时代一个很受重视的话题，是遍布全世界的一种潮流。亲子阅读的盛行，对儿童阅读是一种保障，也是温馨家庭的一部分，是提高国民素质的希望。

小学校园必须秉承为孩子生命成长奠基的办学理念，发挥阅读与家庭这两大教育基石作用，家校携手，开展“书香溢满家园”亲子阅读活动，帮助家长由管理监督型转变为自我学习成长型，成为陪伴孩子一起成长的父母。

一、践行之思，提高认识

著名儿童文学作家白冰表达了对亲子共读的独到见解，他认为：“陪伴是一种爱，阅读陪伴孩子是一种人间大爱。”下面，我们从陪伴、阅读、坚持这三个关键词来诠释亲子阅读。

(一)陪伴

在春节联欢晚会上，贾玲的一句话不知触动了多少父母的心——“孩子需要的是陪伴，不是钱。”著名学者季羡林在晚年曾经这样写道：“这一生最大的痛苦就是过早离开了母亲，如果有可能，我宁愿什么都不要，也要和母亲生活在一起。”陪伴是家长给孩子最好的礼物，最好的教育是陪伴。

现在一些家长都以工作忙、事业忙、应酬、加班等作为没时间陪伴孩子的借口，他们把教育孩子、引导孩子的责任推给了学校、社会培训机构和家里的老人，认为“安排”好了就是自己尽责了，与孩子渐行渐远，成了同一屋檐下的陌生人。有的父母看起来是跟孩子待在一起，可一直盯着手机，或是脑子里一直在想着工作上的事情，孩子说什么都没听到，心不在焉，或孩子稍有不配合或者不理解便大声呵斥……这样的陪伴并非真正意义上的陪伴，而是“无效陪伴”。现实也给了我们足够的教训，在学校里，“问题少年”几乎毫无例外的都有一个不够温暖的家庭。至于留守儿童引发的问题，无一不和“缺少父母陪伴”有关。父母是孩子最好的老师，孩子的教育不能重来，孩子每一天都在成长，但我们不能在将来才去弥补。

陪伴的方式有很多种，如亲子旅游、亲子阅读、亲子运动等。亲子阅读则是最简单、方便的陪伴方法。一书在手，阅白纸黑字，嗅纸墨幽香，哗啦啦的书页响声，让身心有一种精神充盈的感觉。家长与孩子一起阅读，与孩子近距离地接触，甚至把孩子搂在怀里，让孩子感受父母怀里的温度，温暖的读书声和笑声以及满满的爱，这都是孩子童年最美好的回忆，也是一种心灵上的陪伴。

(二)阅读

吉姆·崔利斯(Jim Trelease)的《朗读手册》上有这样一段话:“你或许拥有无限的财富,一箱箱珠宝与一柜柜的黄金。但你永远不会比我富有,我有一位读书给我听的妈妈。”史斯克兰·吉利兰(Strickland Gillilan)用诗一样的语言告诉我们,阅读是给孩子最好的宝藏,阅读的种子是在家庭里播下的。要实现真正的家庭阅读,我们需要做到以下几点。

1. 做孩子的领读者

孩子是由大人牵手进入阅读的世界的,无论是自觉的引导,还是无意的带领,都离不开父母行为的示范引领。儿童是通过榜样来学习的,爱读书的孩子的背后往往有爱读书的父母。当今社会,在电视、电子游戏和网络构筑的声光世界中,孩子与书本的距离越来越远,父母更应该放下手机拿起书本做一个领读者,对孩子“给我读书”说一百遍,不如自己捧起书本读给孩子看,更不如与孩子一起读书。

大人读书时专注的神态和满足的表情,大人之间讨论书中的人物与故事,亲子之间交流共读的心得,这些做法会比简单地把书丢给孩子去读,或者直接把书“喂给孩子”,更能够把孩子带进阅读的世界。

绝大多数人都是通过听故事走进书本的世界,从而成为读者的。许多孩子因为喜欢书中的故事,慢慢认识了书中的文字,借助这些文字,又慢慢走进了其他书籍,发现了新的故事。所以,儿童阅读其实不是从自己独立的阅读开始,而是从“听读”开始的。父母要把讲故事作为激发儿童阅读兴趣的重要方法。

2. 亲近孩子,静等花开

对于儿童而言,阅读是帮助他们认识世界,形成对于人生、对于未来的基本态度和价值观的最主要的路径。 在阅读之中，家长要给予孩子更多的光芒，这种光芒与儿童的内心交相辉映。 因此，书必须是适合儿童的，父母要给不同阅读阶段的孩子挑选合适的书，最好的阅读，就是从孩子的兴趣出发。

孩子读书是精神成长的过程，这个过程其实和孩子身体的成长一样，每天盯着孩子，就觉得孩子没什么变化，可过一段时间回头去看，就会发现孩子的改变。 因此，不要在孩子读完一本书后，就迫不及待地问——你读到了什么？ 收获了什么？ 要知道，阅读是一辈子的修行，某些暂时形容不出的感受，可能才是真正的收获，是需要时间去反刍、消化的。 所以，只要静等花开，家里自然就有了爱阅读的孩子。

抓住孩子的兴趣点、引导孩子爱上阅读之后，还要让孩子读各种门类、不同作家的书。 孩子的阅读要扎根在更广袤的土地之上。 孩子读书越多，知识和知识之间越能够产生更多的连接，也许某一天能出现爆炸式的绽放。

3. 坚持

看过这么一段话写得非常好，在此分享给大家：

如果你没时间陪孩子，请让他阅读，书会陪他，一个人在寂寞的时候懂得去看书，就不会太孤单；如果你不会教孩子，请教他阅读，书会教他，只要拿起书，他就能与各路大师进行一次深度的免费对话；如果你害怕有一天自己终将离开孩子，不再能为他出谋划策，遮风挡雨，也请教他阅读，未来不可知，父母不常伴，但我们仍可以培养孩子阅读，让孩子永远与知识相伴。

阅读习惯是孩子一生的财富，而培养孩子的阅读习惯，贵在坚持。 坚持是一件很难去做到的事情，每个人都有犯懒的时候，每个人也都会为自己的倦怠找出无数理由，如工作太忙、身体不舒服等。 如果我们将亲子共读看成一件很重要的事情，那么我们就会有理由选择每日陪孩子阅读的习惯，并坚持下来。 孩子被新鲜事物吸引，也会经历一个由强转弱的过程，是否能坚持，关键就在于怎样在孩子们兴趣度不足时，家长给予鼓励和引导。 家长自己坚持，言传身教，孩子也会跟着学会坚持。 因为坚持，孩子可能从最开始的不愿意到积极参与、到后来主动读书，养成了读书的习惯；因为坚持，孩子的阅读量会随着时间的推移日益增多，收获着平日阅读积累所带给他的影响；因为坚持，孩子也会养成坚韧独立的品质，他们从各种书本中汲取知识，完善自我，并且通过书籍去认识世界。 他们有各种爱好，并一直用自己的行动坚持着。 受益的不仅是孩子，也是家长的再成长，亲子关系也会因为坚持亲子阅读而变得越来越融洽。

二、前行有路，形成共识

(一)广宣传,促共读

教师可以通过家长的“给一封信”，向家长宣传“共育共读”的教育理念，充分说明亲子阅读的意义；也可以召开家长会，在会上给家长做一堂精彩的讲座，深情地告诉家长们阅读的重要性，亲子共读的美好。 一石激起千层浪，参与的家长在深刻认识之后，必然会将亲子阅读理念传播给更多的家长，使亲子阅读理念入驻更多的家庭。

(二)让家成为图书馆的模样

著名作家豪尔赫·路易斯·博尔赫斯（Jorge Luis Borges）曾说过：“我总是想象天堂将如同图书馆一般。”家长应为孩子建构一个阅读的天堂，为孩子创设舒适惬意而又童趣化的阅读环境，以吸引孩子进行自主阅读。 例如，家长可以在家中选一个光线充足的房间或角落，放置一张书桌，准备一个小书架，让孩子可以随意选取自己喜爱的书籍，坐在书桌前放松自在地去阅读。相信家中如果有这样一个“书吧”似的空间，孩子一定会有阅读的欲望。

（三）共同选择合适的书目

有了好的环境，还需要可以激发兴趣的足够的好书。教育家德西德里乌斯·伊拉斯谟（Desiderius Erasmus）说：“孩子最初阅读和吸收哪一类书籍是十分重要的。不正经的谈话毁坏心灵，不正经的书籍毁坏心灵的程度并不比它差。”家庭藏书应立足“有趣”和“实用”。一般来说，低年级的学生可以选择能够引起他们共鸣、唤起热情向往和兴趣的书，如童话、神话、民间故事、优秀的卡通和漫画。中、高年级的学生选择的面会广一些，随着身心的发展，他们可以理解感情更细腻、内蕴更厚重一些的书籍，可读的书籍应向文学名著、科普读物、科幻侦探等类型靠拢。家长要确保家里有各种书籍、儿童杂志和报纸，并保证足够的数量。

（四）确定固定的阅读时间

一个人无论做什么事，坚持都是最为重要的决定因素之一。阅读也应该这样，有相对固定的阅读时间，如早晨、中午、入睡前，五分钟或十分钟都可以。美国教育家霍勒斯·曼（Horace Mann）说：“阅读需要持续进行，每天都需要抽出一段时间用于阅读，时间并不需要太长，每天只要抽出 10 分钟至 15 分钟的时间进行阅读，差不多需要一年的时间，每天定期进行阅读，便可以在活动持续进行一段后拥有彻底的变化。”

（五）填写亲子阅读记录卡

学校可以设计“亲子阅读记录表”，学生可以每日阅读打卡，由家长、教师来评价。 学校每学期可以根据打卡情况进行一次“书香少年”评选，评选结果公布在学校的网站上。

(六)让阅读与生活相伴

亲子阅读不能仅仅理解为在家里的阅读，还可以在旅途中阅读，在公园的草坪上阅读。 家长不能把亲子阅读仅仅理解为书本的阅读，也可以将其理解为读电影、读大自然。

三、亲子阅读分享活动——让亲子阅读保持状态

为了培养家长和孩子良好的读书行为习惯，营造城中小学阅读氛围，让家长和孩子在读书中充实自我、升华自我、完善自我，增进孩子和家长的感情，城中小学携手城中小学家委会在城中小学多功能厅举办亲子阅读分享活动。 参加分享会的有林彩英校长、城中小学全体教师以及350 名家长与孩子。

活动在德育处吴晓玲主任动听的叙述中拉开序幕。 首先由林彩英校长带来精彩的讲座《让阅读像呼吸一样自然》。 在讲座前，林校长播放了城中小学部分孩子对亲子阅读的感言。 从孩子们真诚的话语中，能感受到他们都渴望父母能有更多的时间陪他们共度美好的学习时光。 接着林校长引经据典，深情地告诉家长们阅读的美好，提醒老师与家长要言传身教，做一名阅读的领航员；要贴近儿童，创设阅读环境，让目之所及的皆是书籍的缤纷，耳之所闻的俱是琅琅的书声；要讲究策略，从经典中汲取营养，在活动中促进能力，并介绍了学校推行的学科阅读与整本书阅读研究的主要内容。 林校长的讲座深入浅出，既有理论知识，又有具体事例，她的“阅读场”论博取了场上热烈的掌声。

(一)家长阅读分享

亲子阅读是帮助孩子走进知识殿堂最重要的一步。 孩子是家长的影子，家长是孩子的一面镜子，家长在教育环节中起着举足轻重的作用。 我们请了三位优秀的家长分享她们的家庭亲子阅读。

二年级一班的潘彦辰妈妈给家长们提了三条建议：一、让亲子阅读变得美妙；二、相对固定的时间，以便习惯养成；三、陪孩子一起阅读。

三年级一班的翁易菲妈妈她说在共读的过程中，增进了亲子沟通，启发和培养了孩子的阅读兴趣，在陪伴孩子的过程中感觉愉快而温暖。

(二)对话互动

家长分享结束后，是对话互动环节。 家长们就孩子阅读中存在的问题进行咨询，林校长和城中小学几位优秀的语文教师以及家委会的几位成员运用通俗的语言、生动的例子为家长们详细解答。 家长们听得认真，频频点头，并为他们送上热烈的掌声。 （如图 6－1）

图 6－1　亲子阅读分享活动的对话互动环节

（三）书香家庭颁奖

书香浸润童年，阅读丰富童年，爱读书的父母，培养的必定是个志趣高雅的孩子，爱读书的家庭推进了社会文明的发展。 分享会的最后，我们为“书香家庭”举行了隆重的颁奖仪式，我们的林彩英校长和陈爱英主席、丁述华主任亲自为 15 个“书香家庭”颁发奖状。 （如图 6 – 2）

图 6 – 2　亲子阅读分享会的书香家庭颁奖环节

第二节　全民阅读要有姿态

一、全民阅读概念

人类文明发展历经漫长的过程，当下大众以文字出现的时间作为划分传统野蛮历史与人类文明的分水岭。 在文字出现后一段时间，人们可以使用文字以书面形式进行沟通、交流。

在人类发展、成长的过程中，大众对阅读的关注度水涨船高，大部分人希望可以养成阅读的行为习惯，因为读书关系到社会乃至国家年轻人的生活状态，教师需要及时发现教育期间存在的问题。同时还需要纠正学生在阅读方面的错误认识，比如学生认为只要阅读书籍便可以拥有改变世界的力量，其实这种想法过于片面，读书牵扯的层面范围广，使用知识可以推动社会发展，但是凭借书籍无法适应时代发生的转变，跟上时代发展的步伐。读书是人们获取知识的主要途径，直接关联到学生能力的培养。素质教育进行情况如何，将会直接影响到后续事情的发展，民族需要随着社会的发展不断转变，教育工作着眼点应放在宏观层面。

阅读关系到一个民族的素质，关系到一个国家的兴旺发达。一个不读书的人是没有前途的，一个不读书的民族更是没有前途的。放眼全球文化，软实力日益成为国家综合竞争力不可或缺的组成部分，作为提升文化软实力的重要举措，全民阅读运动在许多国家掀起热潮。全民阅读与中华民族的历史传承和精神家园的打造休戚相关，中华民族的伟大复兴与小康社会建设更是希冀于全民阅读的普及、深化和可持续发展。

但是，世界各地并不是一开始就意识到全民阅读的重要性，“阅读危机”是各国政府面临的共同挑战，比如，据2002 年英国的一项相关研究成果显示，英国25% 的成年人在过去的一年中没有读过书。按照美国全国艺术基金会发布的民众调查报告，从 1985 年到 2005 年，美国人花在买书上的费用（通货膨胀因素考虑在内）下降了 14%。在此背景下，许多国家把阅读推广当成政府的重要职责来落实。比如，英国提出“举国皆为读书人”的口号，实施了“阅读起跑”等国家计划；美国先后启动了“阅读挑战”“阅读优先”“阅读之乐”等全民阅读工程；俄罗斯政府制定和实施了《全民阅读大纲》；德国成立了由总统担任主席的“国民阅读促进委员会”。数十年来，国际组织对阅读推广给予了极大关注。

自 20 世纪末以来，我国有关政府部门、学术组织、民间团体等对国民阅读现状作了研究。 其中，最具权威和代表性的是由中华人民共和国新闻出版总署领导，中国新闻出版研究院主持的“全国国民阅读与购买倾向调查”。 抽样调查结果显示，1999 年至 2005 年，我国的国民阅读率持续走低，1999 年为 60.4%、2001 年为 54.2%、2003 年为 51.7%、2005 年为 48.7%。 但是自从 2006 年国家实施以“爱读书、读好书”为理念，以“倡导全民阅读，建设阅读社会”为目标的“全民阅读工程”后，2008 年至 2011 年，我国 18 ~ 70 周岁公民的综合阅读率持续走高，分别为 69.7%、72.0%、77.1%和 77.6%。 此种变化说明全民参与阅读的积极性、主动性受到激发，热爱阅读的良好社会氛围不断形成，全民阅读推广活动已见成效。

二、全民阅读的重要性

在当下科技高速发展的背景下，移动阅读已经诞生，且随着生活及工作的快节奏，移动阅读的智能化和便携化已经逐步取代传统的阅读模式。 许多原本爱读书的人现在一提到阅读，却会感觉读书离自己好远好远，而且会觉得自己好像很长时间没有真正看过一本书了，甚至很久都没有买过一本书了。 也许大家会说现在的手机阅读软件好多呀，谁还会去书店买书看呀。 是呀，阅读不拘泥于形式，方便性、及时性也得益于科技的进步和发展，但是阅读真正的内涵其实是深度，而不是速度，快速的阅读有时并不会给我们带来精神上的影响和共鸣。

《朗读手册》里面有一句话：“阅读是消灭无知贫穷与绝望的终极武器，我们要在它们消灭我们之前歼灭它们。”对于一个民族来说，“阅读最终是消灭无知贫穷与绝望的终极武器”，这也是上升到一个国家的战略高度来认识阅读。 全民阅读有益于发扬传统文化精神，有益于营造积极向上的学习氛围，有益于建设书香社会。 我国积极倡导全民阅读，从 2014 年起，“全民阅读”已经连续 4 年写入政府工作报告。 2017 年 4 月 22 日，李克强总理在国务院常务会议上说道，“一个国家养成全民阅读习惯非常重要”。 在 2018 年政府工作报告中，“倡导全民阅读”的提法更是升级为“大力推动全民阅读”。 全民阅读已经成为国家战略的一部分。

瓦西里·亚历山德罗维奇·苏霍姆林斯基曾经说过：学校意味着书籍，大众对学校给出的定义，便可以看出书籍对学校发展起到的重要作用。 在当下教育工作异常关键，我们已身处于知识经济时代，人才是社会发展的推动源，如果没有人全面的发展，将会使得人类的精神异常匮乏，难以激发出人的创新精神，因此书籍不应该在当下受到冷淡对待，但是当前学校在发展期间，并没有意识到书籍对其起到的作用。 根据已经掌握的情况，发现教师大量拓展多媒体设备，却忽略对内部图书馆的建设，从此层面可以发现教学管理者在当下并不注重图书的管理。 目前学校书籍持有量严重不足，导致很多教育工作难以有序推进。 书籍是打开世界之窗，书籍与学校在以往的认知中相当于捆绑的关系，但是现如今在学校反而不看重图书，这对于学校未来的发展无疑会存在极大的影响。 学校为学生构建学习场所，还需要保证学生可以在教师指导下正确使用书籍，阅读书籍内容，增长见闻并形成各方面能力，但是当下学生对读书的兴趣日渐低迷。 根据掌握的数据发现，学生在成长过程中，教师对其起到的影响作用极大。 为了保证学生可以在当下依然具备积极的成长、乐于阅读书籍，应该让教师在其中起到重要的作用。 在小学语文教学中，语文教师必须要了解其对学生各方面能力培养起到的作用，还应该在学生成长的关键阶段，为学生进行正确的宣导，让学生意识到书籍对其日后发展成长起到的关键作用，同时教师还应该帮助学生树立正确的读书观。 读书并不仅是学生个人成长的需要，更是为国家未来发展而进行的一项工作。教师作为人类灵魂的工程师，对于塑造人才有着不可推脱的重责。与此同时，教师还应该意识到传统教育理念存在的弊病，为了培养学生形成良好的综合能力，教师必须要发挥教育理论价值。传统教育理念强调教师的价值与学生的价值息息相关，教师需要在当下了解其自身价值的体现层面。教师作为学生人文素养培养的工作者，对学生人文素养的培养以及提升均有不可小觑的作用，教师需要意识到自身承担的责任，还需要在发展过程中不断完善教学方案，使学生可以通过教师的教育工作形成良好的学习能力。人们一直将教师比作人类灵魂的工程师，但是从其职业角度分析，教师并不属于人类灵魂工程师，人类的灵魂无法经过冷冰冰的机器，任由工程师进行修剪、处理，工程师的职责是对固定的工艺流程进行改造加工。但是学生是拥有自主意识的个体，因此教师在教学过程中，需要意识到传统对教学工作者过于荒谬的言论，需要将教育工作落实到实际工作中，分析学生能力培养的需要，还应该在当下根据新课标教育要求，明确教育工作主旨，确定自身工作的目标。为了培养学生形成健全的人格，夯实学生的基础知识，教师需要将育人教育融入课程教育中，通过课文知识宣导，对学生进行育人培育工作，为学生形成正确的三观不断努力。教师还应该在教学期间，不断地引导学生形成正能量。虽然教师的工作看起来中规中矩，但是依然具备较强的难度，因为教师需要面对一个班的学生，同时每个学生还存在极大的差异性，因此，对教师开展教学工作存在不少的挑战。为了应对当下存在的问题，必须要结合新课标对教育工作提出的要求，还需要不断地调整教学方案，灵活地选择教学方法，了解学生能力培养的需要。同时教师的幸福也不仅仅与学生捆绑在一起，教师是独自的个体，享有成功的自主权利，因此，教师应该利用其可利用的空间与时间，让自己获得成就感和幸福感，完全可以凭借自身的努力，创造属于其自己的人生价值。

静心、用心地读一篇好文章，一本好书，对我们现在的工作和生活很有帮助。学习类的书籍可以让我们充实自己，提高自己的专业知识；思想类的书籍可以让我们缓解压力，丰富自己的精神世界，也可以让我们更加理性地看待现实问题。这就反映了为什么现在社会中很多人精神空虚，没有明确的价值观，生活浮躁、做事极端，其实主要问题还是缺乏精神支柱和坚定的信念。人的素质提升和气质培养主要是通过阅读和学习形成的，而且是潜移默化的，这就是读书的力量，只有内心世界的充实，才会让人感到对生活的态度更加坚定和明确。（如图6－3）

图6－3 作者带领老师们进行阅读教学的讨论

阅读是分年龄和阶段的，每个人怎样从各种文章和书籍中找到优秀的、适合自己的读物，就是我们谈的应该怎样做到有价值的阅读。首先，要选择读好书，读书也是要讲优胜劣汰的，一本好书，能给人以有益的影响，净化人的心灵；一本内容糟糕的书，则能降低人的阅读品位。其次，读书读的不是书本身，而是书中所包含的思想和见解，例如，工具书、专业书、散文随笔等，就更要精读细读。最后，读书讲究一个回味，书读完了，想一想，有什么看法，一本书在不同的时间反复阅读，肯定会有不同的看法，这其实就是自己思想的成长和变化。所以，只有做到有价值的阅读才会使自己的内心和精神得到真正的营养和升华。

生活越是忙碌，内心越是浮躁，我们越要让自己寻找到生活的本质，寻求到心中的一隅宁静，从而能修身养性、淡泊从容，读书就是最简单、最有效的改变方式。从书中提升自己的专业素养，拓展自己的工作思路，培养自己淡泊的心态，养成读书的习惯，也将会是我们生活和工作成功的开始。

在一所学校中，学生的领读者是教师，教师的领读者则是校长，学校里的领读者首先应是因灵魂饱满而幸福的一群人，这样的学校才是有魅力、有力量的，才是充满希望、可持续性发展的。

素质教育给了学生更大的学习空间。课外阅读不仅可以使学生开阔视野，增长知识，培养良好的自学能力和阅读能力，还可以进一步巩固学生在课内学到的各种知识，有益于提高学生的认读水平和作文能力，有助于学生形成良好的道德品格，乃至对整个学科学习都起着极大的推动作用。阅读教学是培养孩子语文素养的基本功之一，甚至可以说阅读是语文学习的根本。大量地阅读是提高孩子语文水平不可替代的手段。美国心理学家琳·克拉森的心理实验研究表明，学生充满兴趣的阅读对提高他们写作能力的运用，远远大于机械的写作训练。喜欢阅读的孩子的语文成绩普遍好，甚至其他学科的成绩也比较好。吉林省吉林市的杨巧云老师，她教的一班学生，六年来只做两件事——读书、写日记。毕业会考时，全丰满区3000多名小学毕业生，前17名都是她班上的。她的学生的作文成绩特别优秀。于永正老师从不给孩子留练习类的作业，而是把大量的时间给学生阅读、阅读、再阅读。他的学生由于阅读量大而见多识广，语文根底厚实。靠读书长大的孩子，生命有根，有“根”的孩子才有可持续发展的后劲。

第三节　终身阅读要呈常态

随着提倡教师树立终身学习的观念和专业化发展的需要，已经有越来越多的教师意识到阅读的重要性。可以让更多的教师会聚到专业阅读的旗帜下，一同“寻找精神的伊甸园”，加速专业成长的步伐。以共读为前提，以分享为方式，交流吸纳彼此的阅读结果，着力打造专业阅读共同体的学习系统，加强阅读团队的建设与培养，来推动教师的专业化成长，这些无疑是很好的方法。

一、从“窄阅读”到“宽阅读”的转变

在当下社会功利化的大背景下，我们不得不承认，应试教育有渐渐将阅读窄化为教材和教辅的趋势，阅读有被边缘化的迹象。如果片面重视分数势必会挤占阅读时间，长此以往会带来许多弊端，严重影响学生的身心健康发展。不仅学生如此，教师亦然，最该有文化的人越来越没文化，最该读书的人越来越远离图书，也会使师生的教育生活缺少生命的光彩。

因此，转变教师的阅读观念已迫在眉睫，教师读书不仅是寻求教育思想的营养，更是教学过程也能够促使学更加具有实效性。

二、从“零散”到“全员”的推进

最初，学校刚发出读书的倡议，让老师们多阅读，由于缺乏计划和引领，呼应的教师寥寥无几。在教师读书会的推动下，老师们的读书热情渐渐高涨起来。

学校开展“城中小学教师读书工程”，引领教师每月阅读一本专业书籍。每周一例会时，安排2名教师参加分享会，交流自己的读书心得，每月一篇随笔或读书心得，以此来提升写作水平。同时学校为教师提供书籍，举行全校性的读书交流活动，让大家共享读书的收获。为了给教师营造良好的读书环境，学校在城市书房的二楼建立了教师休闲书吧。作为教师读书会的活动和教师业务学习的场所，学校为教师提供的茶和咖啡，让教师在舒适的环境中进行阅读，更好地享受读书之乐。（如图6－4）

图6－4　教师阅读分享会

三、从“整体”到“分层”的管理

年龄因素和教学经历并不一定决定教师的专业发展水平，我们可以将教师的专业发展分为四个阶段：准备、发展、转化和减缓。教师在不同发展阶段必有不同的阅读需要，要激发教师阅读的主动性，要科学地分析教师专业发展的不同阶段的特点，知道他们的专业发展需求，然后为其量身定制合适的阅读书目。

（一）准备阶段

准备阶段的教师是刚毕业不久的年轻教师，他们主要特点是教育教学相关知识储备不够。学校应引导教师进行学科专业知识和教育教学技巧方面书籍的阅读，使其能更快适应教育教学环境，可以推荐魏智渊的《教师阅读地图》，让其树立较强的阅读意识和掌握基本的阅读方法。通过阅读大量优秀文学作品，以丰富其语文素养，可推荐阅读如叶嘉莹的《唐宋词十七讲》《教师人文读本》等文本解读类书籍，帮助其提高阅读理解能力。阅读名师课堂实录，《听王荣生教授评课》《做一个专业的班主任》之类的教育教学技巧书籍，阅读诸如《第 56 号教室的奇迹》《孩子们，你们好》等鲜活的教育学书籍，让其感受教育的丰富性和复杂性，避免过多艰涩的教育理论使其望而却步。

（二）发展阶段

发展阶段的教师的主要特点是充分的自信和明确的方向感，有强烈的好奇心和变革精神。学校应引导这些教师通过精确的专业阅读为其专业发展增添活力，在阅读中实践。这一阶段的教师应以阅读教育学和心理学有关书籍为重点，可以推荐《给教师的建议》《儿童的人格教育》《爱的艺术》之类值得反复咀嚼的经典读物，让其拥有更丰富的教育智慧和能力。同时，还要促使其阅读一定的学科本体知识书籍和人文书籍，如《汉字密码》可以帮助教师在汉字教学中充满生机与活力，《诗词例话》可以帮助教师提高诗词鉴赏能力，《永恒的魅力——童话世界与童心世界》帮助教师理解童话背后的深层意蕴，《大学人文读本》《苏菲的世界》等可以帮助教师丰富人文素养。

（三）转化阶段

转化阶段的教师就是所谓的职业生涯的高原期，主要特点是教育探索和教学绩效趋于稳定，甚至会有所下降，对专业的前行方向比较迷惘。这一阶段需用相应的专业书籍加以引导，让教师在阅读中辨析和审视自己目前的状态，使其教育经验和教学风格得到理论指导和提升，形成稳定的教育教学艺术。在学科知识方面，除了需要大量阅读经典文学作品之外，还需要阅读课程论、文学批评类的书籍，深化自身的课程观念和文学鉴赏能力，帮助其思考人生真谛和职业新规划。

（四）减缓阶段

处在减缓阶段的教师的主要特点是对教育工作失去了最初的激情，基本上凭着职业惯性工作，不愿意采纳任何新的或改良性建议，致力于维持现状。不断增加的衰老感以及新的教改行动使其压力倍增，产生沮丧感。对于这一阶段的教师而言，任何的阅读活动似乎都已经没有意义。此时，学校应该充分挖掘这些教师的学识和经验资源，让其成为年轻教师专业发展和专业阅读的导师或顾问，使其成为学校专业阅读推进工作的组织者，相信这样的角色会让他们再次焕发职业活力。

四、从“倾听”到“吐纳”的建构

教师都有这样的体会，有的学生在课上听自己讲解，理解有困难，如果在课后给他单独讲解，往往能很快理解。 这其中重要的原因就是单独辅导有着课堂集中讲解所缺少的询问、交流、探讨等互动方式，这时的师生双方就是“一对一”的学习共同体。 学习共同体强调成员之间积极的合作与平等的对话，这对于专业阅读来说同样不可或缺。 刘铁芳教授说：“教育是人与人面对面的精神传递，这是千百年来教育文化的精髓。”阅读也是如此，需要读者与读者之间的交往。

当今社会，人与人交流大多通过短信、电话、网络等方式，而不在纸上，不在笔下。 在共同体活动过程中，人们会深切地感受到，不交流，不研讨，很难读出文章的真谛。 最终决定阅读质量的，不是我们读了多少本书，记住了多少案例，学会了多少方法技巧，而是我们形成了什么样的学习心态和阅读心理。 小学可以依照不同学科的特点，组建若干个教师团队，聘请有一定理论素养、热爱读书的教师担任组织者，以形成阅读共同体。

在以专业阅读为中心的共同体当中，教师们敞开心扉，交流、对话、研讨，大大提升了专业理解能力。 在阅读共同体运行过程中，我们进一步感觉到如果阅读只是阅读书本，不能回归自我，不能将阅读化作重建自我的过程，这样的阅读永远只能停留在物质层面，对教师精神世界的改变用处不大。 所以，小学校园应提倡“读经典的书，做有根的人”的读书主张，推动每一位成员在丰富多彩的成果和表达方式中扎下成长的根。 例如，学校可以定期组织读书成果交流会，让每一位成员从“阅读给自己在教育理念上带来的变化”和“阅读对自己课堂教学的启发”两方面谈谈自己的感受，骨干教师还可以结合自身的成长经历和读书体会，介绍如何利用阅读和写作来促进自身成长的做法，进而给予其他教师启迪和思考。

五、从“利己”到“利人”的超越

实际上，教师的专业阅读不是“为读而读”，专业阅读的成效要渗透到常态的课堂教学当中，因阅读积淀的专业素养要转化成教学“生产力”。为此，学校可以开展专业阅读与有效课堂教学关联性的实证研究，让每一位参与阅读共同体建设的教师在一种自然、自觉、自我、自由的团队文化氛围中，自觉地将阅读的成效渗透到常态的课堂教学当中。

在教师阅读实践的影响下，越来越多的学生会爱上阅读。专业阅读注定是为教师生涯筑基的工程，虽然缓慢，但能使教师从中获得所需的专业素养，进而对自己的精神世界完成建构，而专业阅读共同体的建设恰恰能够有效推动这一进程。

第七章

▼
▼

最美好的分享是经典阅读

虽然我们在阅读教学中，倡导开放性阅读教学形式，但阅读教学的基础仍然不能脱离基本的经典阅读教学内容，如诗词、散文、小说。另外，教师在推行开放性阅读教学的同时，也不能完全抛弃传统阅读教学模式中的经典方式与方法。任何创新都需要建立在坚实的理论基础与丰富的经验基础之上，因此，开放性阅读教学也不能脱离传统的经典阅读内容、阅读方式、阅读方法。

第一节　诗词诵读之美

一、诗词概述

(一) 诗的起源

诗，最早的来源是什么呢？它并非在阳春白雪中悠然生长，而是从先民的劳动和生活中孕育出来的。 诗歌起源于上古的社会生活，因劳动生产、两性相恋、原始宗教等而产生的一种有韵律、富有感情色彩的语言形式。《尚书·舜典》有：“诗言志，歌咏言，声依永，律和声。”《礼记·乐记》有：“诗，言其志也；歌，咏其声也；舞，动其容也；三者本于心，然后乐器从之。”早期，诗、歌与乐、舞是合为一体的，诗即歌词，在实际表演中总是配合音乐、舞蹈而歌唱，后来诗、歌、乐、舞各自发展，独立成体，诗与歌统称诗歌。 中国诗歌有悠久的历史和丰富的遗产，如《诗经》《楚辞》《汉乐府》等。

(二) 诗词的定义

“词”属于诗歌的一种韵文形式，由五言诗、七言诗或是民间歌谣发展而成，起于唐代，盛于宋代。 句子长短不一，所以也称“长短句”。 “词”与“辞”在“言词”这个意义上是同义词。 但在较早的时代，一般只说“辞”，不说“词”。 汉代以后逐渐以“词”代“辞”。 “词”后来又逐渐按一定的曲调来填写，即词牌，如“满江红”“蝶恋花”“江城子”“西江月”“浪淘沙”等，它们大都是由曲名发展而成。 例如，“西江月”原本是唐朝教坊唱的曲名，后来人们以这种形式填词，便逐渐形成了词牌。 词，又称曲子词、长短句、诗余，是配合宴乐乐曲而填写的诗歌，词牌是词的调子的名称，不同的词牌在总字数、句数、每句的字数、平仄上都有规定。

(三) 诗词的表现手法

古人在创作中非常注重表现艺术，写景、状物、言情、述志，往往采用既对立又统一，既相反而又相成的手法，从而形成了古诗词耐人寻味的艺术魅力，让我们在品味、赏读中获得无穷的艺术享受。 这些表现手法包括点染、虚实、疏密、浓淡、离合、雅俗、曲直、隐显、巧拙等。

二、体会诗词之美——诗词阅读教学

选编的小学语文教材的诗歌，基本上是儿童诗和古诗两大类，它们虽然都属于诗，但在体例特点和教学方法上却有很大的不同，这对教学设计也就提出了不同要求。

（一）儿童诗的诗歌教学

1. 抓住思想内容和语言形式的高度统一

怎样教学儿童诗？ 首先，教师要分析诗歌的思想内容，紧紧抓住诗歌精练的语言形式和体裁特点进行。 儿童诗既有教育性，又有娱乐性，乐为了教，寓教于乐，两者必须结合。 当然我们今天所进行的是社会主义精神文明的思想教育，而不是什么“理义身心之学”，但是教师在儿童诗的教学中要努力做到内容和形式的统一，教育和娱乐的统一。 因为文学作品的教育作用是凭借艺术形象而发挥的，尤其是儿童诗，更必须将思想性、教育意义自然融合于生活情趣之中，蕴含在艺术形象之内。

2. 从形象感知入手

孩子对客观事物的认识，是从具体形象开始的。 所以在儿童诗的教学中就要抓住感情色彩浓厚，思想含义深刻的关键词句，使学生有所“感”，在此同时引导学生领会诗的思想内容，使学生有所“知”。 如教学《我们就从这里出发》一诗时，教师在学生初步了解全诗大意的基础上，抓住“出发”这个形象比喻，让大家思考：为什么要“出发”——向四个现代化进军；从哪里“出发”——“学校”“教室”；怎样“出发”——“多少次……“多少……”；“出发”到哪里去——蓝天（卫星考察资源），海湾（钻井开发宝藏），海疆（舰艇保卫祖国），平原（电子播种丰收）。这样由“感”到“知”，由“知”促“感”，充分体现诗歌教学由“情”悟“文”，以“文”促“情”的基本规律。全诗通过抓住关键句和句中的关键词，不仅把学生的想象带进了诗境，而且也搞清了诗情，明确了结构和含义。孩子是富于想象的，因此丰富的想象便成了儿童诗的艺术特征之一。这就要求教师在教学设计时，应当善于通过诗的语言形象，激发学生的想象，再现生活图画，进入诗的意境。如教学《小小的船》一课时，教师先启发学生回忆晴朗夜空，弯弯的月儿在丝丝微云中穿行的生活图景，来丰富学生对“弯弯的月儿小小的船”的想象。接着便进一步激发学生展开联想的双翅：“你有去划这两头尖尖的小船的愿望吗？”“要是你真能坐在这小船里在星空中穿来穿去，你想能看到什么景象？”在教师富有感情的启发下，学生情趣盎然地畅谈起自己坐在小小船里见到的景色，灿烂的群星，奇幻的云海，有的甚至谈到了火星上的生物、人造卫星里的工人等。从课堂气氛中不难看出诗的意境已深深吸引了孩子们。“进军宇宙”的理想种子，也许就在此时此地萌发了。想象常常是和激荡的感情联系在一起的。这里，正是通过了想象，才扩展了作品的境界，才使诗的形象显得更加集中，诗的意境显得更加开阔，而感情也随之飞驰，升华。

3. 重视儿童诗美的陶冶

诗是美的，儿童诗也不例外。所以，儿童诗的教学设计要充分追求其美育价值。

为了加强儿童诗的形象性，作者常常借助于许多修辞手法。在儿童诗中，“拟人”运用是很常见的，如《植物妈妈有办法》《要是你在野外迷了路》等诗歌中，把太阳、植物人格化了。这完全是从儿童的心理特点出发，根据他们对于事物的理解特征来写的，使孩子们感到分外亲切和优美。在儿童诗中，作者还常常采用夸张的手法，把自己对人和事的强烈感受，通过“放大”，有力地表现出来。有的儿童诗还采用“数数歌”“时序歌”“问答歌”等特殊形式，以其喜闻乐见的特点，深受儿童的欢迎。

儿童诗的语言美，必须通过听觉才能感受到，所以儿童诗的教学设计要重视指导学生朗读，直至能背诵。教师的朗读指导一定要与理解分析相结合，做到在理解的基础上朗读，通过朗读加深理解。实践证明，好的朗读常常是通向理解的“捷径”，有时它还可以起到分析讲解所不能起到的作用。如教学《小小的船》，教师朗读指导对所显示的强烈节奏感，常常能唤起学生如坐在摇晃的月儿小船上在星空中穿行的想象，使孩子意飞神驰，受到强烈的美的熏陶。

（二）古诗阅读教学

1. 讲清字词句，领略语言美

古诗是用古汉语写成的，跟现代汉语的距离较大，要欣赏它的语言美，首先必须读懂，即教师要帮助学生正确地解词释句。在这方面教师企求“讲深、讲透”而毕其功于一役的设计，是不现实的。但是，认为反正太复杂，就随便疏通一下，也不妥当，而应当着眼于为理解古诗的思想内容服务，注意培养学生理解古汉语的能力，从中体会古汉语的凝练、含蓄、变化。在这一方面主要内容是认识古汉语中字的通假现象。如杜甫的《前出塞》中的“列”通“立”；王维《鹿砦》中的“砦”同“寨”等。

了解古汉语中词的活用。如王安石《泊船瓜洲》“春风又绿江南岸”中的“绿”为形容词作动词用。

懂得一些古汉语中的词义变迁现象。如杜牧《山行》“停车坐爱枫林晚”中的“坐”是“因为”，不是今义的“坐”。贾岛《寻隐者不遇》“只在此山中”的“只”是“就”，不是今义的“只有”。李白《夜宿山寺》“危楼高百尺”中的“危”是“高”，也不是今义的“危险”等。

理解古汉语中句法的不同特点。 如“倒置”：刘长卿《逢雪宿芙蓉山主人》“风雪夜归人”中的“归人”是“人归”的倒置；柳宗元《江雪》“独钓寒江雪”也是倒置，实际上是指渔翁独自在寒冷的江面上冒着大雪钓鱼。 “省略”：李白《夜宿山寺》“手可摘星辰”意思是在楼上一伸手就可以把天上的星星摘下来，这是省略，把一般的助词都省略了。 “互文”：王昌龄《出塞》中的“秦时明月汉时关”不是指“秦朝时的明月，汉朝时的关隘”，而是说“还是秦汉时的明月，还是秦汉时的关隘”。

当然，讲清古诗的一些语言知识的设计，要从学生的实际出发，不宜出现许多概念术语，只求把字词句的意思讲清楚，学生能理解就可以了。

所谓“讲清字词句”的设计，教师还应当抓住那些诗人反复提炼的“诗眼”，深入浅出地剖析古诗在用字选词上言约意丰、语近旨远、意在言外，使人思而得之的特色。 如导读王安石的《泊船瓜洲》，“春风又绿江南岸”的“绿”字，据说是经过了十几次的修改才选用的，不妨让学生比较一下曾经诗人用过的“到”“过”“入”等字，从而体味一个“绿”字，把春风吹过江南时所带来的变化描画得多么形象、多么确切、多么传神。 又如导读李白的《早发白帝城》，就可以指导学生重点揣摩一下“轻舟已过万重山”的“轻”字在全诗中的地位。 诗人在彩霞满天的早晨，乘舟从白帝城顺流而下，朝发白帝、暮宿江陵，真是水急船轻犹如御风。 诗人在疾驶如飞的船上，几乎来不及闲眺两岸的景色，在声声猿啼声中，不觉轻舟已越过万重山了。 这里一个“轻”字贯串全诗，可谓“一炬之光，通体皆灵”。 像这样有选择地讲一些学生能理解的诗人的炼字功夫，往往可以以小见大，体味到古诗的语言特色。

2. 融合情与景，体味意境美

选入小学教材的古诗有多数是描绘祖国山水风光的。 这些诗通过诗人眼前景物的传神写照，自然地流露了作者的思想感情。 这是因为大自然的景物，触发了诗人的情思，但诗人不可能单纯地描绘风光景象，总是有所寄托，借景物以抒情言志，构成了诗的意境。正如王夫之所说：“情景名为二，而实不可离。神于诗者，妙合无垠。”而且这“情”“景”二者，还应“以情为主，景为宾”。景物无自生，唯情所化。情哀而景哀，情乐则景乐。所以我们在学习这些古诗时，教学设计就要特别注意这种融情入景、情景交融、物我一体的特点，使学生感受到古诗的意境美。如杜牧的《山行》，通篇无“秋”字，却字字写秋景。全诗四句，每句各有意境，互相衬托，构成一幅完整的图画。画面上苍茫的山、洁白的云，隐约可见的土黄茅舍，红艳艳似火一般的满山枫叶，远近衬托，错落有致。在这样的画图中，诗人置身其间，停车观赏，留连忘返，他那朝气勃勃、热爱生活的神情，呼之欲出。教学设计就要充分展现其写情中之景，鲜明夺目；抒景中之情，耐人寻味，以极尽情景融合之妙。在古诗教学中做到情不离景，景不离情，方能使学生懂得诗情画意，提高学生对“美”的欣赏能力。

有的写景古诗，诗人不仅有感情地写出了动人的景物，同时更直接地借景寄托他自己的意志抱负，教这样的作品，设计时更应当重视引导学生进入诗的特定意境。如柳宗元的《江雪》，一开头便是“千山鸟飞绝”，诗人写天寒地冻之严酷，摒尽了众鸟，不留一只，接着又写“万径人踪灭”进一步连行人也不留一个。也许我们要为诗人焦急了：“你到底要写什么？”再往下读，看到诗人写的却是“孤舟蓑笠翁，独钓寒江雪”。我们这才明白：原来他把所有热闹的陪衬统统去尽，只留下一个寂寞空旷的世界，正是为了要突出一个不畏严寒不向恶劣的环境屈服，坚持与寒天搏斗的垂钓渔翁。如此再看全诗，鸟“绝”人“灭”的背景因主体（渔翁）而有了生命，主体借背景而更高大，背景是景，主体是情，情因景生，景因情活。这里正寄托着柳宗元在“永贞革新”失败以后，屡遭打击，被贬永州，然而却不甘屈服、理想不泯的精神。在教学设计时，教师又怎能不简介作者在政治生活上的遭遇？又怎能不点明这情中之景，景中之情？学生理解了这个意境，这首诗才能活在学生心中。我们不应该低估学生的接受能力，仅满足于从字面上直译一下。

3.分析识境界，感受心灵美

选入小学语文教材的古诗并不都是写景的，有的叙事直抒胸臆，也有的咏物寄托情怀，这些诗作经编者的精心选择，大多具有较高的思想境界，而且至今仍有可取之处。因此，在编写教学设计时，应从形象入手，在学习诗的语言形式的同时就应当通过深入浅出的点拨，使学生认识这种思想境界，感受诗人的心灵美。如陆游的《示儿》，是他一生极为丰富的诗作中的最后一首诗。一个人临到与世长辞时该有多少话想说？“死去元知万事空”，然而只有一件事，直到临死，也牵肠挂肚。是家产分配遗嘱吗？不是。是子女仕途前程吗？不是。是个人功名未就吗？不是。是什么呢？“但悲不见九州同”，事关国家的兴亡、民族的命运！他唯一要嘱咐孩子们的身后之事是“王师北定中原日，家祭无忘告乃翁”。这里表现的是诗人鞠躬尽瘁，死而“不已”的精神，是祖国一定会统一的信念。这短短的四句诗，把一个古代爱国诗人的思想感情、精神气质、道德观念表现得十分深刻。诵读这首诗，我们怎么能不引导学生深入地去思考这一点，去认识诗的思想境界，感受作者心灵的美呢？

4.讲解知“理趣”，领会哲理美

综观选入小学语文教材的古诗，不仅诗中有情，而且有相当数量的作品还诗中有理。如“欲穷千里目，更上一层楼”（王之涣《登鹳雀楼》），“谁知盘中餐，粒粒皆辛苦”（李绅《悯农》），“不识庐山真面目，只缘身在此山中”（苏轼《题西林壁》），“山重水复疑无路，柳暗花明又一村”（陆游《游山西村》）等，都是富含哲理趣味的名句。这是因为诗不仅主性情，而且“主议论”。诗中的议论往往表现得十分凝练，充满哲理，从而成为千古传诵的名句。

这些议论，饱含着诗人深刻的生活感受，充满了耐人寻味的哲理，思想容量极大，常常成为全诗的警句。在教学时，引导学生读这些诗作，应当注意导读好这些如珠妙语，阐发其中的“理趣”，使学生领会诗的哲理美。

诗中的议论是全诗形象思维的一个组成部分，它必须和全诗整个形象浑然一体。因为这些议论往往是诗人认为形象描绘已不能充分表情达意时才直抒己见的。它不是外加的说教。因此，在设计导读这些句子时，不能和全诗的形象脱节。如苏轼的《题西林壁》，正是从庐山山景的形象思维中获得启迪，吟出千古绝唱“不识庐山真面目，只缘身在此山中”。诗的前两句写庐山的峰峰岭岭，千姿百态，难以名状。要怎样写才能写出庐山的壮美呢？是不是能诗善文的苏学士词穷了？不是，诗人悟出了真谛，于是另辟蹊径：“不识庐山真面目，只缘身在此山中”！这是诗的形象思维的发展，是诗人的情感熔铸成的。其实又何止是看山，对任何事物如不作入乎其中又出乎其外的客观调查分析，也不免为局部现象所迷惑而认识不清。

5. 诵读品节奏，鉴赏声韵美

古诗平仄和谐，声韵动人。在古诗的教学设计中，不能忽略“以声动情”“以情动人”。要用诵读使学生更加细腻地体会古诗的意义和情感，发挥作品艺术感染的作用。因为小学生对古诗的兴趣，很大一部分源于古诗的好念好听。指导学生朗读首先要帮助学生确定古诗的感情基调。如读李贺的《马》，就应当先让学生理解诗的内容，作者通过写马，寄托自己怀才不遇的情怀。当时，唐朝藩镇拥权割据，飞扬跋扈，李贺主张削平藩镇统一祖国。但是他空怀壮志，无机会报国，因此寄情于物，以丰富的想象通过咏马来寄托个人的愿望。全诗充满了激情，一、二句要以舒缓的语调，描绘边疆风光，展示供马驰骋的广阔画面。后两句以幻景表达自己的激情，节奏要急促，语调要高昂而又有几分惆怅，以表达虽有广阔天地，骏马却不能奔驰，借以抒写自己为国立功的愿望。在确定基调之后，再找出应当重读的关键词。 如一、二句的“沙”“月”是边疆风光的特点，第三句的“何当”和第四句的“踏”，体现了作者报效祖国的心愿，都应特别加重语气。 此外，古诗的诵读还要注意节奏。 一般地说，五言诗后三字和前两字的关系要疏一些，必须从停顿上加以分开。

第二节　散文阅读之情

一、散文概述

(一)散文的定义

最初的散文概念很广，统称为文或文章，指与韵文相对应的一个概念，诗词歌赋之外的一切不受韵律约束的作品。

什么是散文？ 散文是与诗歌、小说、戏剧并称的一种文学体裁，指不讲究韵律的散体文章，包括杂文、随笔、游记等。 散文是最自由的文体，不讲究音韵，不讲究排比，没有任何的束缚及限制，也是中国最早出现的行文体例。 通常一篇散文具有一个或多个中心思想，以抒情、记叙、论理等方式表达。 现代散文有广义和狭义两种理解。

广义的散文包括除去诗歌、小说、戏剧、影视文学之外的一切叙事性、议论性、抒情性的文体，如秦牧在《海阔天空的散文领域》中说：“不属于其他文学体裁，而又具有文学味道的一切篇幅短小的文章，都属于散文的范围。”

狭义的散文则专指抒情散文。这是因为随着文体的发展，叙事散文中的通讯特写、传记文学、报告文学等，已经发展成为独立的文体，各成一类；议论散文则有了专门的名称——杂文，也从散文中分了出来，剩下的只有抒情散文，这就是狭义的散文。

(二)散文的分类

1. 叙事散文

叙事散文是以写人记事为主的散文。这类散文对人和事的叙述和描绘较为具体、突出，同时可以表现作者的认识和感受，也带有浓厚的抒情成分，字里行间充满饱满的感情。叙事散文侧重于从叙述人物和事件的发展变化过程中反映事物的本质，具有时间、地点、人物、事件等因素，从一个角度选取题材，表现作者的思想感情。

2. 抒情散文

抒情散文是注重表现作者的思想感受，抒发作者的思想感情的散文。这类散文有对具体事物的记叙和描绘，但通常没有贯穿全篇的情节，其突出的特点是强烈的抒情性。它或直抒胸臆，或触景生情，洋溢着浓烈的诗情画意，即使描写的是自然风物，也将其赋予深刻的社会内容和思想感情。优秀的抒情散文感情真挚，语言生动，还常常运用象征和比拟的手法，把思想寓于形象之中，具有强烈的艺术感染力。

3. 写景散文

写景散文是以描绘景物为主的散文。这类文章多是在描绘景物的同时抒发感情，或借景抒情，或寓情于景，抓住景物的特征，按照空间的变换顺序，运用移步换景的方法，把观察的变化作为全文的脉络。生动的景物描绘，不但可以交代背景，渲染气氛，而且可以烘托人物的思想感情，更好地表现主题。

4. 哲理散文

哲理，是感悟的参透、思想的火花、理念的凝聚、睿智的结晶。 它纵贯古今，横亘中外，包容大千世界，穿透人生社会，寄寓于人生百态和家长里短，闪现在思维领域和万千景观。 高明的作者，善于抓住哲理闪光的瞬间，形诸笔墨，写就内涵丰厚、耐人寻味的美文。 时常吟咏这类美文，自然能在潜移默化中受到启迪和熏陶、洗礼和升华。

二、品味散文之情——散文阅读教学

(一)散文阅读教学中存在的问题

1. 散文教学中,精美的散文作品和枯燥的课堂教学不匹配

散文是文学性很强的文体，能最真诚、最直观地表现笔者的内心世界。 如果教师没有认识到每一篇散文都具有独特情感这一鲜明特征，忘却作者的写作动机，无视文章的情感体悟，忽视生命的心灵对话，就很容易把“每一篇”散文教成“这一类”散文。 所以，各类“美文”一旦进入课堂，即变得枯燥无味。 本来应该是学生最感兴趣和最易产生共鸣的文体，却多使其被动接受，不肯阅读。

2. 散文教学中,散文文体与教学内容不匹配

散文是要有情感投入的，指导好学生进行抑扬顿挫的朗读，比不间断的文章分析，更能体现散文的语言特点和情感特色。 当前的散文教学诵读指导的时间越来越少，分析理解的比重越来越多，学生反而难以走进文本，投入感情。 更有甚

者，有些教师把散文教成了小说，教成了说明文和说理文。

3. 散文教学中，景语与情语不匹配

“一切景语皆情语”，这句话每位教师都懂，但在课堂上，尤其是在散文教学中就不是那么回事了。 比如《早》这篇课文，教师们的教法各具特色，但却有一个共性——都把教学目光聚焦在“三味书屋”“蜡梅”“早字的来历”。 如何按照方位顺序写陈设，如何从色泽形态上写蜡梅，试着叙述鲁迅刻“早”的来历。 上课结束布置作业，模仿三味书屋的方位描写自己的书房或教室。 诚然，一课一得也很不错，但是对于学习散文，仅仅做到这些就到位了吗？ 这是散文教学应有的模样吗？ 教师更应该把作者蕴含在文中的“情语”挖掘出来，完整地传递给学生，使其深刻体会文章中的情感，进而真正读懂作者的深意。

4. 散文教学中，情感体验与理性鉴赏不匹配

在散文教学中，大多数教师习惯于在学生初读文章后，就匆匆引导学生按照自己的教学思路理解分析文章。 这样做，虽然提高了课堂学习课文的速度，但弊端也非常明显。 第一，学生缺少对文章整体感知的过程。 第二，由于缺乏整体感知，所以学生对文章没有产生自己的见解，也就没有由感性认知到理性鉴赏的提升过程。 还有一点需要说明的是，在散文教学环节，美文赏析环节多以口述为主，教师让学生谈感受，学生的回答也一般停留在文字的感性认识上，教师引导和总结的语言本身也缺乏必要的理性光芒，这对学生充分理解散文的内容和情感也很不利。

(二) 散文教学策略

1. 情境带入语境

散文文体明朗，情感自由。 教学之初，如果想一下子抓住学生的心颇有难

度。教者首先要奠定该篇散文的感情基调，这有点类似“情境教学法”。通过营造具有类似感情色彩或生动形象的场景，让学生饶有兴趣地融入文本，然后再将教学融入其中，教学效果可能会事半功倍。

2. 主旨奠定灵魂

有时，一篇课文的文眼就是它的题目。它不仅具有准确、凝练的特点，更能体现出整篇文章的主旨。在小学阶段的语文教材中，很多散文有这一共性。根据这一共性，再因其“形散而神不散”的特点，在文章感情基调的前提下，散文的教学大都可以通过着眼课文的题目，来进一步把握散文的“神”之所在。

例如，在教学苏教版课文《只拣儿童多处行》的教学中，通过辨析文题，引导学生围绕课题，探究“为什么春游时要只拣儿童多处行？”再带着思考去读课文，作者说“春天的花儿和儿童一样生机勃勃，令人快乐”，那么作者当时身在何处，心在何方？通过这样的文题解读，可进一步理解本文的主旨：冰心奶奶对儿童的喜爱以及所寄托的希望。

3.“文路”厘清脉络

结构是文章的脉络，作者往往会根据自己的思路和情感来梳理文本，即厘清“文路”。尤其是对于“形散”的散文而言，通过认真研读文本，教者首先就要看清作者的“文路”，通过“文路”，帮助学生厘清文章脉络，总体感知文章的结构特点，从而帮助学生加深对文本内容的理解，进而体会作者的匠心独运和精妙构思。

4. 语言品味内涵

（1）关键景物，以小见大。散文具有很强的抒情性，作者因情写景，寄情寓景，借助写景叙事达情，将读者带入优美的境界。因此，散文中常常描写各种各样的景物，这些景物的出现并不是简单的景物陈列，更多的是蕴含了作者丰富的情感和写作的艺术。教学中，如果能抓住这些关键景物，以小见大，读出其隐含的意义，往往就能打开作者情感的大门。

（2）揣摩语言，深度解读。理解了文本情感，并不意味着一篇文章学习的结束，尤其对教材中的散文而言，字里行间无不蕴含着作者的感情和对人生的感悟。这就要求教师在带领学生理解文本时，要结合文章主旨，细心揣摩语言，进行深度解读，引导学生发挥自己的联想和想象，感受语言的象征意义和比喻意义。

5. 延伸强化情感

文本延伸，是课文内容和情感的升华，既能提高学生的阅读理解能力，又能深化对散文的情感体悟，起到强化推进的作用。这就要求教师在教学中，在基本完成阅读教学任务之后，寻找一到两篇的体裁或题材相似的文章来进行课堂延伸，进一步巩固课堂学习效果。

第三节　小说阅读之乐

一、小说的概念

（一）小说的定义

小说是作者对社会生活进行艺术概括，通过叙述人的语言来描绘生活事件，塑造人物形象，展开作品主题，表达作者思想感情，从而艺术地反映和表现社会生活的一种文学体裁。

小说有三个基本特征：一是通过人物的外貌、对话、行动和心理等描写，塑造人物形象，表现人物性格；二是要有一定的故事情节，通过对社会生活的细致描写，表现复杂的矛盾冲突，叙述故事的发生、发展、高潮和结局，在情节的发展中展现人物性格的变化；三是描写具体的社会环境，以表现人物和事件产生的历史背景、社会条件，来烘托人物，显示人物的性格特征。因此，作者总是通过他笔下的人物形象来反映其所处的时代，寄寓他所领悟的生活真理，而读者也只有通过对人物形象的认识才能把握作品所反映的生活本质。

小说之所以具有独特的艺术魅力，是因为它塑造了具体感人的典型艺术形象。典型的艺术形象是指既具有独特而鲜明的个性，又能反映一定社会的某些本质、具有某种共性的人物形象，即我们常说的个性和共性的统一。

小说塑造人物的手段是多种多样的。既可正面描写，又可侧面烘托；既可进行语言、行动等直接描写，也可通过环境描写、细节描写等来达到同样的目的。人物的性格和人物的行为是统一的，什么样的性格决定了有什么样的行为。所以，教师在分析人物形象时，应该注意人物的行动描写。

(二)小说三要素

小说构成要素是指构成小说这种文学形式并显示其基本特征的主要因素。在小说理论中，构成小说形象的因素主要分为两类：一是小说的内容，包括小说的素材、题材、主题、人物、环境、情节等；二是小说的形式，包括小说的语言、结构、体裁、表现技巧等。在通常情况下，人们把最能显示小说独特性的人物、情节、环境称为“小说三要素”。

1. 人物形象

人物形象的核心是人物的思想性格，人物描写的角度有正面描写和侧面描写。 正面描写(又叫细节描写)包括外貌、语言、动作、神态、心理描写;侧面描写(又叫侧面烘托)主要指以他人言行来反映人物。

2. 故事情节

故事情节是指作品所描写的事件发展、演变的全过程。 故事情节的结构为开端(序幕)—发展—高潮—结局(尾声),用以展示人物性格,表现作品主题。

3. 环境描写

环境描写是指对人物活动的环境和事情发生的背景进行的描写。 环境描写分为自然环境描写和社会环境描写。 自然环境描写是指对人物活动的时间、地点、季节、气候及花草鸟虫的描写;社会环境描写是指对人物活动的具体背景、处所、氛围以及人际关系等的描写。

二、体会小说之乐——小说阅读教学

(一)感受人物塑造,从厘清情节开始

小学语文涉及小说的内容并不是很多,但其作为一种常见的文学体裁,教师还是要让学生有个清晰的认知。 而教师在具体施教中如何把握教学方向,这是必须正视的问题。 小说以塑造人物为核心内容,在小说教学中,教师首先要从小说人物塑造展开感知教学,要让学生通过理顺小说情节,对人物形成有形认知。 小学生大多满足于故事情节的了解,而对小说的人物感受却比较模糊。 教师要从学习方法上给予一定指导,让学生明确小说情节和环境描写的目的,厘清人物、情节和环境描写的关系,这样才能对人物形象有深刻感知。

苏教版语文教材中的《三顾茅庐》是小学生在教学中接触到的第一篇小说，小说人物涉及刘备、诸葛亮和张飞，虽然篇幅很小，但人物性格非常鲜明。由于学生对《三国演义》的相关内容有一定认知，在学习这篇小说时，教师可以设计几道思考题，让学生在思考中感知人物形象性格特征。例如，三顾茅庐是什么意思？刘备为什么要去拜访诸葛亮？哪些地方可以看出诸葛亮的雄才大略？刘备是什么样的人？张飞是什么样的人？学生针对这些思考问题，通过阅读文本、小组讨论，都能够比较圆满地解决。

这里教师并不需要提及小说的三要素，也不需要对人物展开系统分析，只要通过设计问题，让学生在具体阅读讨论中感知小说人物形象的个性特征，凸显小说人物的核心地位即可。小学生对小说的感知大多是从情节开始的，教师要抓住小说情节展开教学，让学生在“看热闹”的同时，也能够慢慢找到阅读文本的“门道”。

(二)体味语言特点,从个性描写切入

小说语言有其自身特点，教师要给学生讲清小说语言应用规律，让学生能够感知小说语言的差异性。特别是古典白话小说和现代小说的语言存在一定差距，学生接受起来自然存在一些困难。教师要在语言比对中，要明示古典白话小说语言特征，让学生明确小说是具有时代性的。因为不同的时代具有不同的语言个性内质，而小说是时代的现实写照，自然要带有时代烙印，不仅人物对话要与时代吻合，作者叙述语言也要与当时的环境接轨。教师要注意教导学生学会甄别不同时代的语言特征，要对一些代表性词语进行集中学习，帮助学生扫除阅读障碍。

如在学习《林冲棒打洪教头》时，教师让学生初读感知，首先找出课文中语句和现代汉语不一样的地方，揣摩其意思。很快，学生找到很多实例，如发配、大喜、上首、何故、非比他人、教头、流配、不敢、彩头等。教师与学生一起讨论这些词语的意思。为了让学生有更深切的体会，教师将《水浒传》相关内容进行延伸——将《水浒传》原文投放到大屏幕上，让学生继续阅读，遇到不懂的语句进行小组讨论，课堂学习气氛非常浓烈。

教师可以将词语学习作为小说教学的重要内容，通过学生的阅读感知进行一系列对比，让学生对古典白话小说的语言有深刻认识。 小说语言有极强的个性特征，每一个时代每一个作者都会有自己的内质特色，只有多阅读、多比较才能形成有形感知。

(三)接受思想教育，从主题解读介入

小说是虚构的故事，但其思想性、教育性是显而易见的。 教师在小说解读中，要注意渗透教育意识，要让学生通过故事情节和环境描写感受人物命运与社会的关联，通过对小说各种维度的把握，体察小说的思想性，在阅读思考中形成具体认知，在与人物对话中感受小说的基本内涵。 小说都有比较明确的主题，作者情感因素非常明显，教师要利用好这些元素，对学生进行深入细致的思想教育。

小学生读小说大多是看热闹，只是对小说情节感兴趣，对小说的内涵思想缺少感知，教师要根据小说的内容特点进行点拨。 如在学习《三打白骨精》时，教师可以让学生先阅读文本，然后让学生在小组中将故事情节讲给其他人听，学生大多对故事情节比较熟悉，阅读起来自然比较顺利。 在小组内讲故事时，有些学生讲得很细致，但表情语气控制得不够好，教师就可以参与到一些小组中，给学生以具体指导。 教师发现学生对人物理解存在偏差后，可以组织学生探讨一个问题——孙悟空到底是什么样的人？ 在学生进行讨论之后，对人物有了深刻理解，再来讲故事，效果就会非常明显，对孙悟空的敬佩之情也会溢于言表。 教师让学生对人物的思想品质进行深度挖掘，目的就是要让学生接受教育，要从孙悟空身上看到坚毅、刚强、无所畏惧、机智等优秀品质，让小说教学在无声处实现情感教育。

小学语文小说教学不需要体现太多专业知识，也不必要求学生掌握小说的基本概念，只需从小说情节展示入手，对小说人物性格进行分析比对，对小说环境描写进行揣摩学习，让学生感受小说语言的特殊性。 教师要鼓励学生多读多练，掌握小说的基本要素，教给学生学习小说人物塑造的方法、语言描写的技巧，这样才能大大提升教学效果。

第四节　经典阅读的方式与方法

一、经典阅读的方式

(一)朗读和默读

朗读和默读是最常用、最基本的阅读方式。在阅读读物时，它们的作用各不相同，不能互相代替。

1. 朗读

朗读，也叫“诵读”，是书面语言的有声化。阅读时，读者须眼、口、耳、脑并用，有利于加深其对文本的理解。朗读不但要看读物，还要将其变成有声语言，从而增加大脑皮层的刺激渠道，使读者深入领会读物的词语含义和精神实质。朗读还有利于提高语言的表现力。人们通过朗读可以使书面语言和口头语言沟通起来，从而提高语言的表现力。朗读还可以促使读者的语言规范化。朗读时的声、韵、调、音量、音变以及语句的声音样式要求规范，久而久之会促使朗读者的语言规范化。

朗读由于目的不同可分为理解性朗读、欣赏性朗读、吟诵。

（1）理解性朗读，主要是熟悉读物的内容，分清词、句、段落，读得顺利流畅。

（2）欣赏性朗读，是一种有表情的朗读。用这种方法读文艺作品时，会表现得绘声绘色，悦耳动听，可以使人进入自己想象的文本情境。

（3）吟诵，即吟咏玩味，是传统的朗读方式，所谓“一章三遍读，一句十回吟”。古人很重视这种诵读，它的好处是能排除杂念，使思想集中。传统的朗读很讲究吟、咏、讽、诵，不仅要熟读成诵，还要吟，要唱，其目的在于熟读牢记，从而领会、掌握读物。

朗读要求吐字清晰，发音正确；要注意停顿和重音；要正确地把握读物的思想感情；要注意语调的速度；还要分清读物的不同文体。

2. 默读

默读，就是不出声地读。默读需要依靠眼球移动和内部思维语言进行。默读有利于加速阅读的速度，因为它省去了发音器官的活动和听觉活动；有利于读者正确且深入地理解读物，阅读时可以边读边思考；有利于培养自学的阅读态度和习惯。所以，默读适合各种类型的阅读，大部分的阅读行为都会表现为默读，默读是一种被广泛应用的阅读方式。

默读技能的训练可分三步进行：第一是低声阅读，只要求阅读者自己能听到，不使第二者听见，并能理解读物的意思；第二是无声阅读，是伴随着潜伏的声音活动的阅读，要求读者理解读物的意义但不能有嘴唇的活动；第三是完全默读，主要是眼球的活动，要求眼球活动加快，并能在读后理解和记忆读物的内容。

默读要求正确无误地理解读物的内容，并且要迅速地读完读物的内容。

（二）略读和精读

1. 略读

略读是指粗略的浏览式阅读，即拿到一本书或一篇文章之后，粗略地看一看，了解个大概，对读物有一个初步印象。略读的目的在于调查和寻找与自己工作、学习、研究有关的阅读材料，或者摸清某一学科领域中当前的动态，知道某本书该读不该读，有哪些新东西值得注意等，以便做到心中有数。

略读是一种加快速度的阅读。 它不注意词句的具体含义和篇章结构的安排，而是通览全书、抓住要点、掌握读物的主要精神。 因此，当拿到一本书后，读者要先看序、目录、插图图表、照片以及注释、参考文献和索引，对全书有个大概了解。

2. 精读

精读就是精心仔细地阅读。 精读时，读者要逐章逐段、逐字逐句地钻研体味；要细嚼慢咽，熟读精思；要在文章的核心处多琢磨。 精读的重点在于吃深、吃透。 朱熹在《朱子大全·读书之要》中说：“大抵观书先要熟读，使其言皆若出于吾之口；继以精思，使其意皆若出于吾之口，然后可以有得尔。”

略读和精读是相辅相成的。 略读可以开阔视野，增长知识；而精读可以将读物理解透彻，巩固知识。 两者是不可偏废的，但也不能不分情况，全部平均使用。在校学习的学生应以精读为主，略读为辅。 叶圣陶先生说：“就教学而言，精读是主体，略读是补充；但是就效果而言，精读是准备，略读才是应用。 学生在学校的时候，为了需要和兴趣，须在课本和选文以外阅读其他的书籍文章；他日出校之后，为了需要和兴趣，一辈子须阅读各种书籍文章；这种阅读都是所谓应用。”

二、经典阅读的方法

(一)全读和分读

1. 全读

对于比较容易掌握的读物，或已经熟悉的读物，一次连续地读完，这就是全读法。 全读法一般运用于故事性较强的文学作品或传记性文章。

2. 分读

对于比较难掌握的读物或生疏的读物将其分割开，一部分一部分地读，这就是分读法。

分读可细分为以下几种：逐段读，即按照顺次一段一段地读，由段到篇；渐进法，先读第一段，接读第二、三段，依此类推，直到读完为止；反复读，就是读完第一段，然后第一、二两段连读，再接着是第一、二、三段连读，依此类推，直到读完为止。 分段读一般适用于理论性较强的读物。

全读和分读两种方法是相辅相成的，在全读中有分读，在分读中有全读，两者是不能截然分开的。

（二）我国传统的三步阅读法

三步阅读法是指将一篇文章或一本书读三遍，每遍有所侧重的读书方法。

元代程端礼在《程氏家塾读书分年日程》中说：“每句先逐字训之，然后通解一句之意，又通结一章之意，相接续作法，明理演文，一举两得。”意思是说，对每一个字都要加以解释，每句的意思都要加以串讲，字、词、句要逐一落实，直到读完全文或全书。 此法多适用于读文言文。

近代学者梁启超在《读书法》中提出三步读书法：第一步鸟瞰，找出书中重点；第二步解剖，围绕重点深入钻研；第三步会通，联系有关背景掌握其精神实质。 此法适用于研究性阅读。

著名语文教育家叶圣陶的三步读书法是初读—复读—再读。 第一步：初读。“就其中一篇或一章一节，逐句循诵，摘出不了解的处所，然后用平时阅读的经验，试把那些不了解的处所自求解答，然后再看注释或参考书，以检验解答得对不对；如果实在无法回答，就查看注释或参考书。”第二步：复读。 “又复读一遍，明了全篇或全章全节的大意。”“在了解的基础上，批判、分析，要善于联系日常见闻，生活经历、读书心得，看他说得对不对，合情理不合情理，值不值得同情或接受。”要善于比较，把该篇文章和其他文章作比较，品评艺术形式上的优劣，品评思想内容的深浅。第三步：再读。“最后细读一遍，把应当记忆的记忆起来，应当体会的体会出来，应当研究的研究出来。学懂的内容要记牢，要体会；对于能改造、创新的就要下一番研究功夫，使认识不断深化，以至转化为自己的成果。”这种三步读书法适用于各类文体的精读。

(三)创造性阅读法

创造性阅读法是指以原读物为依据，在对原读物理解和评价的基础上，提出比原读物有说服力的观点或创造性的结论。创造性阅读法可分为以下几种。

一是比较阅读，选取两本观点相似或相反的读物进行比较对照地读。这种阅读法不仅可以使读者对读物印象深刻，而且可以提高其辨别是非的能力和学会解决问题的能力。

二是带着问题阅读，阅读时不限于某一本、某一类书，为了解决某一问题，要广采博收，搜寻各种阅读材料，从中找到对有关问题的解释或解决办法。这种阅读法，主要是培养读者解决问题的能力。

三是探测性阅读，在阅读书籍时与自己的设想相比照，看看哪些自己想对了，哪些自己想错了。例如，读文学作品时，读了前边的内容后，可以试着想一想后边的情节会如何发展，主人公的命运如何，故事会怎样结尾。如果读物的安排如同自己所设想的，那就说明在某一点上自己已经接近作者的水平；如果与自己的想法相左，就要进一步考虑是作者比自己高明，还是作者并不高明。阅读理科书籍时，也可以采取这种办法。

四是质疑性阅读，即发现的阅读法。这正如朱熹在《学规类编》中所说的：

“读书无疑者，须教有疑，有疑者，却要无疑；到这里方是长进。”读书质疑，才能把书读活。书籍是前人研究的成果，总结了前人的认识。但是人们认识的真理性是相对的，认识也不可能一次完成。即使是真理，也还需要发展，更何况由于历史的局限，前人的书籍里会有许多不确切、谬误或模糊的东西呢。无数历史事件证明，能提出问题才能发现真理。

三、寻找适应个人特点的阅读法

书，人人会读，但方法各不相同。由于每个人的性格、生活习惯、环境的不同，学习的方法也就有所不同。前人已经积累了不少可资借鉴的读书方法，都可以采纳。但由于个人的情况不一，要选择适合个人特点的读书方法，这样才能见成效。

有的人性情好动，坐不住板凳；有的人愿意一个人苦思冥想，不愿请教别人；有的人没有完整的读书时间，只能抽空或挤时间去阅读；有的人喜欢清晨读书；有的人喜欢夜深人静时读书。所有这些差异，都构成了个人的阅读特点。为了克服个人的弱点，发挥个人的长处，要针对自己的实际情况，采取适应个人特点的读书方法。

坐不住板凳的人，往往是性格外向的人，喜欢热闹，兴趣广泛，克服弱点的办法是集中注意力，有计划地读书。因此，阅读时要明确目的，要在思考上下功夫。

对于一个愿苦思冥想的人，则要开阔思路，广交学友，勤于请教别人，这样收效会更大。

对于没有完整时间学习的人，要善于挤时间，要像扬·阿姆斯·夸美纽斯说的那样“时间应分配得精密，使每年、每月、每天和每时都有它的特殊任务”。

对于喜欢早晨读书的人，也要善于安排时间，以发挥它的优势。一般说早晨读书精力充沛，然而可利用的时间短，不能很好地安排时间，就会失去最佳效果。

对于喜欢晚上读书的人，他们的大部分阅读时间可以自由支配，又无人干扰，但切记不能读得过晚，否则会影响第二天的学习或工作。

除上述方法外，还要根据阅读的目的不同，所读材料的性质和难易程度的不同，要不断地调整阅读的方式方法，选择最适合于个人特点的阅读方法。

参考文献

[1]杨秋玲. 语文阅读教学反思[M]. 成都：电子科技大学出版社，2017.

[2]詹丹. 阅读教学与文本解读[M]. 上海：上海教育出版社，2017.

[3]郑西银. 阅读教学的智慧[M]. 太原：山西教育出版社，2015.

[4]巨瑞娟. 中学语文阅读教学探微[M]. 银川：宁夏人民教育出版社，2016.

[5]章云格，李军，罗鑫尤. 中小学语文体验阅读教学导航[M]. 成都：电子科技大学出版社，2017.

[6]洪涛. 小学语文阅读教学有效性初探[J]. 中国校外教育，2019（02）：124－125.

[7]马小亮. 新课标下小学语文阅读教学中读写有效结合的策略研究[J]. 学周刊，2019（08）：130.

[8]樊泽亮. 小学语文阅读教学中读写结合教学法浅谈[J]. 中国校外教育，2019（05）：109 +115.

[9]李意平. 基于核心素养的小学语文群文阅读教学研究[J]. 学周刊，2019（09）：123.

[10]赵常姝. 谈小学语文群文阅读的教学方法[J]. 中国校外教育，2019（06）：117 +120.

[11]钱超年. 浅谈小学语文阅读教学中的学法指导[J]. 学周刊，2019

(10):135.

[12]王敬平. 如何促进小学语文阅读教学有效性的提升[J]. 西部素质教育,2019,5(04):227-228.

[13]张莹莹. 小学语文阅读教学的重要性及促进方式探究[J]. 中国校外教育,2019(11):58-59.

[14]陈恒敏. 论语文阅读教学与评价的合法性[J]. 中国教育学刊,2019(04):68-72.

[15]褚卫军. 小学语文教学中的整本书阅读教学研究[J]. 语文教学通讯·D刊(学术刊),2019(05):39-41.

[16]郭丽红. 小学语文非连续性文本阅读教学策略探究[J]. 新课程研究,2019(04):44-45.

[17]刘俊峰. 整本书阅读教学中主问题的设计探究[J]. 新课程研究,2019(27):51-52.

[18]邵雪梅. 新课改下小学语文低年级阅读教学策略分析[J]. 中国校外教育,2019(13):121-122.

[19]关毓琳. 小学语文阅读教学渗透心理健康教育的研究[J]. 名师在线,2019(19):48-49.

[20]石春业. 合作学习策略在小学语文阅读教学中的应用[J]. 课程教育研究,2019(52):98-99.

[21]谌建强. 关于小学语文主题式阅读教学设计的有效思考[J]. 科学咨询(科技·管理),2019(02):128.

[22]姚依雯. 小学二年级语文阅读教学设计分析[J]. 当代教研论丛,2019(01):57.

[23]张媛萃. 小学语文主题式阅读教学设计研究[J]. 课程教育研究,2019

（16）：81 – 82.

[24] 许炜. 小学语文主题式阅读教学设计初探[J]. 学周刊，2019（20）：136.

[25] 马桂兰. 小学语文阅读教学设计的关键点探析[J]. 内蒙古教育，2019（24）：116 – 117.

[26] 申银群，唐劲军. 阅读教学设计：从师本设计走向生本设计[J]. 现代语文（教学研究版），2014（01）：117 – 119.

[27] 陈隆升. 实用文章阅读教学设计[J]. 语文教学通讯，2012（26）：29 – 36.

[28] 田丛苗. 小学语文低段绘本阅读教学的问题及对策研究[D]. 武汉：华中师范大学，2019.

[29] 孙召珍. 小学语文阅读教学的问题与策略研究[D]. 哈尔滨：哈尔滨师范大学，2019.

[30] 陈雪晴. 基于语文学科核心素养的小学语文群文阅读教学实践研究[D]. 重庆：重庆师范大学，2019.

[31] 吴诗华. 小学高年级语文群文阅读教学现状研究[D]. 上海：上海师范大学，2019.

[32] 苏琳园. 语文核心素养视域下的小学中高年级阅读教学研究[D]. 上海：上海师范大学，2019.

后 记

随着社会、学校和家庭对儿童阅读越来越关注和重视，我们认为有必要做一次系统的、精确的儿童阅读的研究和实践，这将是一项艰巨而耗时的项目。从一开始的着手准备、扩大参与度到调查研究，再到最后的分析实践，每一个步骤都需参与的人员全身心地投入，并要求他们拥有正确的相关经验以对研究成果做出正确的选择和判断。

经过长达两年的调查、分析、探索、构建、研究、创新以及反复的实践，我们从儿童的天性和需求出发，针对“课堂中心、书本中心、教师中心”的传统阅读的封闭性模式提出了一种新的阅读理念——“让阅读像呼吸一样自然”，开展基于儿童视角下的小学开放性阅读模式的实践与创新的研究，让儿童置于一种自由、广阔、动态、多元、有效的开放性阅读环境中，力求通过大量阅读，让阅读成为一种习惯，从而提升学生阅读素养。

同时，我们以校园为起点，循着让阅读丰盈、提升平潭综合实验区人民的文化素养为目标，延伸至家庭、社区，营造共建共享的大阅读生态，营建“目之所及都有书籍，足之所至皆为书房”的点灯者教育理想，实现“阅读无所不在，学习如空气一般存在”的学习型社会的教育之梦。

两年的时间里我们的调研经历了以下三个主要阶段：

一、问题的提出

(一) 问题的背景

《义务教育语文课程标准（2011 年版）》（以下简称《标准》）中关于阅读的目标要求最为丰富，《标准》提出要正确把握语文教育的特点，努力开发语文教育的资源，“培养学生广泛的阅读兴趣，扩大阅读面，增加阅读量，提倡少做题，多读书，好读书，读好书，读整本书”。尤其是伴随着教育部从幼升小到高考的全面改革，对大语文教学提出了前所未有的要求，开放性阅读环境创设必将成为课改后的教学主旋律。而对于平潭实验区国际旅游岛的地位而言，居民的文化底蕴直接影响着岛屿的发展和学生的成长，开放性的未来需要有文化底蕴与有开放气度的国际视野的建设者。

(二) 主要问题

1. 阅读量少，缺乏阅读习惯

传统封闭性管理模式把学生限制在课堂上，阅读教学是以“课堂中心、书本中心、教师中心”，阅读的目的呈现功利化，认为阅读只为了获取高分，阅读空间被限制在学校内，导致孩子的阅读长期停留在简单的课本和教辅类图书上。

2. 阅读时间少，没有阅读兴趣

传统的阅读教学学生课业负担较重，导致阅读方式和阅读活动比较单一，加上大部分学生在课外参加各种各样的培训，占据了大量的时间，阅读时间就少了，更不用说培养阅读兴趣和习惯。

3. 缺乏科学的评价机制，难以形成阅读氛围，很难提升学生的阅读品质

传统的阅读模式缺乏有效的阅读评价机制，多以知识为教学设计核心进行的，忽视儿童的身心发展特点，教学偏离科学化，再加上部分教师采取放羊式阅读，缺乏有效地阅读指导，这样就很难提升学生的阅读品质。

改变这种阅读现状，激发孩子的阅读兴趣和培养阅读习惯已经到了刻不容缓的地步。 基于以上的缘由，我们提出“让阅读像呼吸一样自然——基于儿童视角下的小学语文开放性阅读模式的实践和创新”的研究。

(三) 解决问题的思路

面对上述问题，一要解决学生的阅读量少的问题。 应该从阅读的空间和内容处着手，只要在空间上，如班级、学校、家庭、社区等这些学生经常活动的地方让学生触手就能遇见书，内容（教材的 1 + X 拓展和拓宽课外阅读的书目）上，让学生接触更多的内容，就能解决阅读量少的问题。 二要解决阅读时间。 可从阅读方式（整本书阅读和各种阅读活动）和阅读习惯养成上入手，用各种活动来激发学生的阅读兴趣，从而促进阅读时间的增加。 三要解决学生阅读品质的提升。在解决了前两个问题的基础上，再加以有效的、动态的、实时的阅读评价和多元的宣传激励，就会使学生的阅读品质慢慢得到提升。 （见图 1）

图 1　解决问题的思路示意图

二、解决问题的过程与方法

(一)解决问题的过程

1. 着手调查,探索研究期(2015.2—2017.6)

这一阶段我们组建研究团队，主要进行的是调查访谈，了解学生、教师、家长的不同层面的阅读需求。 这一阶段主要应用了调查和行动研究法，制定出契合学生、教师、家庭阅读的实施方案。 帮助大家更新阅读的观念。

图 2　探索研究期大事记

2. 全面实施期(2017.9—2020.7)

这一阶段主要通过查阅文献资料、案例研究的方法，从阅读空间资源开放、阅读内容多样的开放、阅读方式的多元开放、阅读评价机制的开放和阅读宣传的开放等入手进行全面的研究实践，再辅以省区级课题的研究，合力各方资源共同打造，逐渐形成一套有效的开放性阅读模式。

图3　全面实施期大事记

3. 推广辐射期(2019.2 至今)

在这一阶段主要是对外进行推广、辐射。作为平潭教研片的领头学校，通过对本教研片的几所学校送教送培、课题研究和举行赛事活动；和社区共建以及与台湾小学交流；再到跨区域进行辐射等方式旨在帮助更多的人更新观念，拓宽视

野，让更多的人能感受到开放性阅读模式带来的重要性。（见图 4）

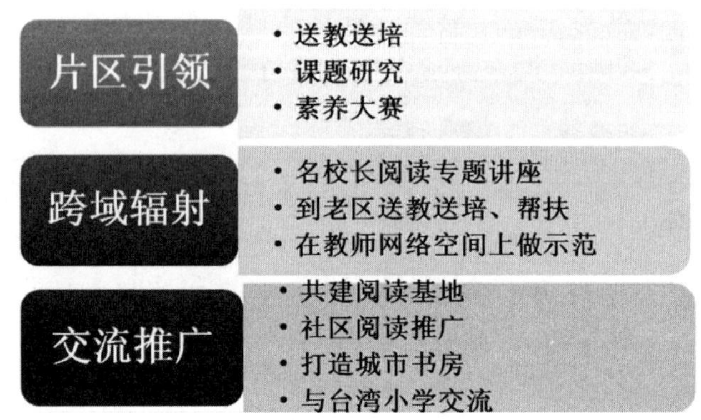

图 4　推广辐射期大事记

（二）解决问题的方法

1. 阅读空间的开放

（1）营造班级阅读空间，让孩子感受读书的乐趣。

我们在班级设立图书角、班级图书架等，充分利用好教室的每一个角落，由班级购买和个人提供等多种形式收集藏书，让学生一走进教室就会被眼前的书籍吸引，让书籍触手可及，营造一种书香文化环境，激发学生去阅读，徜徉于书海。

（2）营造学校阅读空间，让孩子浸润在书香里成长。

学校充分利用校园的每一个空间，如教学楼道走廊、楼梯间、操场外墙等一切可利用的空间，设置有关读书方面的名言书画等文化标志牌。在各个教学楼层的空余位置设立别致的书吧，根据不同学年段摆上不同的书籍，让学生的阅读触手可及，时时被书香气息所包围、熏陶，借助环境育人的力量，让学生在潜移默化中“泡”在书中，学校与图书馆共建阅读基地，学生可以终身免费借阅。

（3）营造家庭阅读空间，让孩子受到书香熏陶。

学校利用家长委员会、家长会普及推广读书的意义，增强家长对课外阅读的意识，邀请家长与孩子参加读书活动，并举行亲子读书、分享活动，开展“书香家庭”评比活动，给评为“书香家庭”的家长创设分享陪伴阅读的机会，成功的陪伴阅读故事在“城中大学堂”微信公众号上发表，作为优秀案例进行推广，让家长逐渐明白读书的重要性，并积极投入亲子阅读的活动中。

（4）营造社区阅读空间，在全民阅读氛围中强化阅读。

学校与图书馆共同打造“城市书房”，与区总工会联合打造“职工书屋”。以服务群众阅读、提升居民文化品位、营造良好的社区文化氛围为主旨，让全民阅读不再是一个梦。

2. 阅读内容的开放

（1）经典美读，品味传统文化的厚重与温润。

为了增强孩子们的文化智慧和升华他们的情感。学校开展各种各样的诵读活动，以这个平台为起点，让师生与经典同行。如学校语文组根据部编版教材的要求，选择了124首古诗词，加上文质兼美的小古文，分年级分级别要求学生背诵，考级过关。

（2）学科阅读，实现课内外阅读的衔接与整合。

新课程改革下，统编版教材的单元结构更加灵活，采用内容主题和语文要素双线组元，多以“阅读策略”为主线组织单元内容。基于中高年级学生具有一定的阅读能力和以上认识，在中高年级教学中，我们围绕单元主题，根据每个年段不同的阅读策略，践行基于儿童视角下的1 + X主题类篇阅读，增加学生阅读量，提升学生语文核心素养。如同一作者的文章“1 + X”开放性阅读；同一对象的文章“1 + X”开放性阅读；同一写法文章的“1 + X”开放性阅读；同一策略文章的“1 + X”开放性阅读等。

（3）拓宽阅读书目。

一是书目题材拓宽。摒弃传统语文教学注重文学类书籍的阅读的做法，增加了文学、传统文化、人文艺术与科普四大题材领域，保障学生在阅读过程中兼顾多方、全面发展。二是依托梯航网络测评平台的海量的阅读资源，专门列出了必读和选读两部分。必读书目由契合本年龄段的经典之作构成，内涵丰富，主题深刻，适合孩子精读细品。选读书目适宜泛读，用于拓展知识面和阅读兴趣。选读书目范围还将逐渐扩大，力求涵盖更多好书。

3. 阅读方式的开放

（1）整本书阅读，让“读书”回归读书的本意。

我们一般把整本书阅读教学分为三个课型：推荐导读课、阅读推进课和阅读分享课。导读课的目的主要有两点:激发学生阅读兴趣和传授学生阅读方法。推进课是共读到某个阶段的时候，就要进行讨论交流，推进学生的进一步阅读,引导他们往深处思考。分享课不是对故事的简单重复，而是对整个故事、整本书的回顾总结与提升，将书本内容、价值思想与学生当下的生活实际进行深入的联系。

（2）多样的读书活动蕴书趣。

学校举行丰富多彩的诵读活动，比如诵读经典诗词、相约周一诵读活动等；坚持办好一年一度的读书节活动，图书淘淘乐活动、好书推介会等一系列活动；举行“三读”“三展”“三评”等丰富多样的阅读活动，激发学生的阅读兴趣，培养阅读的习惯，让学生浸润书海，促进学生的幸福成长。

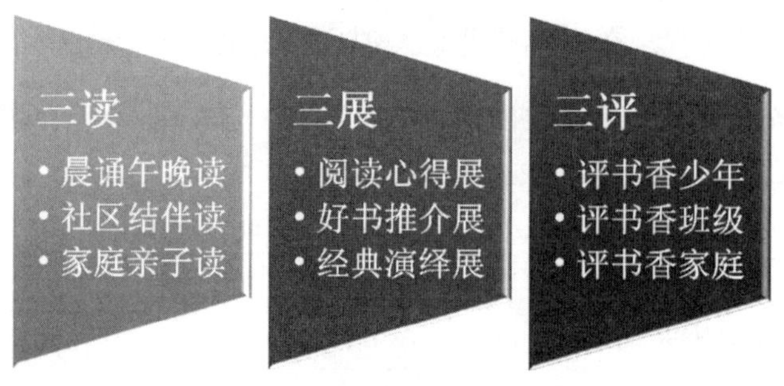

图5 平潭城中小学“三读三展三评”活动内容

在学生阅读的过程中，我们只是创设条件，做必要的引导，让每个学生根据自己的能力和个性来决定读多少书，让学生发挥阅读的自主权，感受读书的快乐。在书香的慢慢浸润下，学生的读书习惯就能逐渐养成。

4. 阅读评价的开放

针对传统阅读效果的难以检测，通常以各种形式的考试来进行，关注的是结果，评价体系比较单一、滞后的弊端，我们创建大数据阅读评价体系，它的便捷、高效、实时正好克服了传统阅读评价体系的缺失和模糊，补充了传统评价的短板。

5. 阅读宣传的开放

一是校园宣传，利用校报、宣传栏、展板、海报、标语、广播站等方式进行宣传；二是社区宣传，经常组织师生志愿者到社区做阅读讲座和阅读推广，向社区居民宣传阅读的重要性；三是媒体宣传，2019 年 2 月我们又创立了新的微信公众号“城中大学堂”，专门负责推送师生的作品，它为师生们提供了成果展示的平台，达到以写促读的目的。特别是在疫情期间，“城中大学堂”发挥了很大的作用，成了连接学校老师和宅家学生活动的主阵地，为阅读活动打开了另一扇窗。同时还利用福建省公共资源教师网络空间做阅读专栏进行推广。这些网络媒体宣传的开放性为阅读提供无限的可能。

通过实施以上几种方法，我们成功、有效地发现和解决了儿童阅读所面临的障碍和困难，在小学开放性阅读模式的实践与创新中取得了重大的突破，为学生的阅读创新了一套新的模式：自由的阅读—阅读空间覆盖化、有序的阅读—阅读时间常态化、丰盈的阅读—阅读内容多样化、动态的阅读—阅读活动学程化、多元的阅读—阅读文化磁场化、有效的阅读—阅读评价数字化。在基于儿童视角下的阅读的多方面有明显的进步，比如：阅读的空间、阅读的方式、阅读的内容、阅读的习惯和阅读的能力，等等。

我们的研究和创新为学生的自主阅读打开了一道新的渠道，为学生创造出一片新的广阔的阅读环境。

在此要特别感谢福建省教育科学研究所的冯云主任意心指导，感谢平潭城中的语文团队的素材提供。 很庆幸，有这么一群喜欢阅读的团队一起行走，

我们都是阅读点灯人，我们愿意将阅读的种子播撒于东南方的海岛上，让所有人享受阅读的智慧与光芒。